25. 10. 78

Meinem lieben Bub'
zum diesjährigen
Herbsturlaub mit dem
Wunsch, daß Dir diese
Tage ein wenig Erholung
und Entspannung
bringen.

Deine Mami

Krüger · Die Schallmauer

Hardy Krüger

Schallmauer

Roman

Blanvalet Verlag München

Jede Ähnlichkeit mit lebenden Personen wäre zufällig und nicht beabsichtigt.

Gesamtherstellung Mohndruck Reinhard Mohn GmbH, Gütersloh
ISBN 3-7645-2794-3 · Printed in Germany

Dieses Buch ist meinem alten
Freund Dieter Grassy,
den Piloten
Gerhard Schurig,
Bernd Holzlehner,
Jörg Hoffmann,
Dietrich Hartmann
und allen Fliegern dieser
Welt gewidmet.

Mylene,
ich stehe an seinem Fenster und sehe auf den Fluß hinunter. In der Welt da draußen ist alles, wie es immer war: Die Barkassen dümpeln durch das Hafenbecken, die Fischweiber vom Markt stampfen ihre kalten Füße auf das Kopfsteinpflaster, Autoschlangen warten an den roten Lichtern der großen Kreuzung, und das Alte Land am anderen Ufer streckt sich müde dahin, bis es am Ende mit dem Himmel zusammenstößt. Dein Bild steht auf seinem Schreibtisch und alle Dinge sind an ihrem gewohnten Platz. Er bräuchte nur durch diese Tür zu treten, und wir könnten denken, er sei niemals fortgewesen.

Längst vergessene Bilder kommen weit von gestern her, und Sätze finden ihren Weg zu mir zurück:

Sein Arm liegt leicht auf Deiner Schulter, und er sagt lächelnd: »Ich habe früh erkannt, daß ein vom Blitz gefällter Baum kein Grund zu langer Klage ist. Wo er einst stand, wächst bald ein neuer. Wenn's nicht so wäre, gäb' es keine Wälder.«

Ich bin zu jung für solche Weisheit. Möglich, daß der Schmerz nicht ewig dauert. Doch das Kopfschütteln wird bleiben: Wie war es möglich? Was ist eigentlich geschehen und warum? Meine Gedanken haben dieses Wort »warum« immer wieder zuunterst gekehrt und abgegriffen. Jetzt ist es stumpf geworden. Ich lege es beiseite und füge mich: Frank kommt nie mehr zu uns zurück. Er ist Erinnerung geworden. Er war einmal. Mein Freund. Und der Geliebte der Frau, die auch ich liebe.

I

Das Blatt des Abreißkalenders ließ mich wissen, daß ich einen Dienstag zusammenknüllte und in den Papierkorb warf. Es war drei Uhr früh. Der letzte Tag in Franks Leben war erst drei Stunden alt.

Böige Winde holten sich den Regen aus einem nachtschwarzen Himmel und schleuderten ihn gegen mein Fenster. Die Landebahn 09 lag querab links, aber ich hätte sie nicht sehen können, selbst wenn ich meinen Kopf aus dem Fenster gesteckt hätte – und ich steckte ihn nicht hinaus. Im Hangar gegenüber brannte Licht. Die Nachtschicht der Bodenmechaniker ging erst um sechs Uhr zu Ende. Ein Soldat der Wachmannschaft machte frierend seine Runde. Die Kapuze der klatschnassen Parka hatte er sich tief in die Augen gezogen.

Ich reiße den Tag immer dann vom Kalender, wenn er anbricht. Andere trennen ihn erst am nächsten Morgen vom Block. Vermutlich sind sie abergläubisch, wollen den Abend nicht vor der Frühe loben. Für mich hingegen ist der Blick aufs Datum reine Information. Sobald ich wußte: heute ist der Vierzehnte, konnte das Blatt in den Papierkorb. Gleichzeitig begann der Tag sich vor mir auszubreiten. Mal sehen, was er zu bieten hatte. Würde er ein guter Tag werden oder ein ergebnisloser? Oder etwa einer jener grauen Stundensammler, von denen es leider so viele gibt und die mein Gehirn partout nicht speichern will?

Die anderen Piloten in der Baracke der Junggesellen schliefen noch. Erst kurz vor Tagesanbruch würden die ersten mit ihren Waschbeuteln unterm Arm zum Duschraum schlurfen. Mein Zimmer ist klein und seelenlos. 20 Meter Einsamkeit. Im Quadrat. Ich benutze es nur zum Schlafen. In dem einzig bequemen Sessel sitze ich nur, wenn es im Fernseher die Sportschau gibt oder Nachrichten. Fußballspiele lasse ich selten aus. Bei Deutschland – Holland bin ich allerdings mittendrin eingeschlafen. Die Erschöpfung nach einem heiklen Tag hatte mich eingeholt, nach einem jener Tage voller Unbill, von denen die Franzosen sagen, sie seien *remarcable*. Über dem Sognefjord waren mir ein paar Möwen ins Triebwerk geklatscht. Die Stille, die dem Aussetzen der Düse folgte, war ein schreckliches Geräusch. Fünfzehn Quadratmeter Tragflächen sind ein bißchen wenig für die zehn Tonnen, die ein Starfighter auf die Waage bringt. Wie ein Stein war ich der eisgrauen Nordsee entgegengestürzt. Als ich mich herausschießen wollte, kam der Schub zurück. Damals habe ich Marcello kennengelernt. Auf dem Sozius seiner steinalten Fiat G 91 hat er mich nach Hause geflogen. Nach der Landung sind wir unverzüglich an meinen Kühlschrank und zur Tat geschritten. Marcello trinkt für sein Leben gern deutsches Bier. Den ersten Schluck nahm er aus der Flasche und grinste mich an: »Tanti Auguri!« Wir feierten meinen außerordentlichen Geburtstag. Dann wollten wir uns Deutschland – Holland ansehen, und ich bin im Sessel eingeschlafen. Marcello behauptet, er habe mir das Bierglas aus der Hand winden müssen.

Solange der Italiener Gast unseres Geschwaders war, kam keine Langeweile auf. Nachdem er einmal auf dem spiegelblank polierten Linoleum unseres Junggesellen-Korridors ausgerutscht war, organisierte er Wettbewerbe im Weitschliddern. Er selbst brachte es nach kürzester Zeit auf neunundzwanzig Meter zehn. Bei dem Versuch, seinen eigenen Rekord einzustellen, flog er durch das Glas der Barackentür ins Freie. Auch die Fußballmannschaft unseres Geschwaders geht auf seine Initiative zurück, und die Espressomaschine, die jetzt auf meiner Bude Staub ansetzt, stammt von ihm. Den ersten Kaffee des Tages hat er ständig damit gebraut, und wer wollte, konnte sich eine Tasse bei ihm abholen.

An manchen frühen Morgen, während die Mechaniker seine *Gina* und meine *Gustav* startklar machten, hat er mich in das Offiziers-Kasino geschleppt und bei dem schwarzbärtigen Menschen in der blütenweißen Jacke »due cafè, ma vero« bestellt, und der Kellner hatte den Landsmann angestrahlt und »Signore si!« geantwortet und einen so guten

Kaffee gemacht, daß mir nichts anderes übrigblieb, als aufzuwachen.

Marcello ist noch keine dreißig Jahre alt, aber zwischen seinen braunen Locken leuchtete schon damals die erste kahle Stelle.

»Daran sind die italienischen Fliegerhelme schuld«, sagte er und rieb sich lachend über den Kahlschlag, »sie sind falsch konstruiert – wie alles bei uns.« Über seinem Hosenbund wölbte sich bereits ein Bauch. »Das liegt am deutschen Bier«, meinte er und rückte sich besorgt den Gurt zurecht. Jetzt hab' ich Marcello schon ein paar Monate nicht mehr gesehen.

Einmal ist eine Postkarte von ihm gekommen: »Laß Dich in die italienische Luftwaffe versetzen. Wir haben Dauerferien. Benzinmangel. Liegen nur am Strand herum und kümmern uns um junge Damen aus dem Norden . . .« Auf der Karte war aber kein Strand zu sehen, sondern die Türen des Manzù vom Petersdom: Jesus hängt splitternackt am Kreuz, mit dem Kopf nach unten, und die römischen Soldaten tragen deutsche Stahlhelme.

Die Papierkugel des 14. Februar fiel zwischen die anderen Papierkugeln der letzten Woche. Ich löschte das Licht und kletterte aus dem Barackenfenster. Das Dienstfahrzeug wartete direkt davor. Ein milchbärtiger Gefreiter öffnete die Tür des Volkswagens, als wär's ein Rolls-Royce.

»Guten Morgen, Herr Hauptmann«, sagte er ausgeschlafen.

Im Auto stank es widerlich nach kaltem Zigarettenrauch.

Die Fahrt auf der Bundesstraße von Wilstensen nach Hamburg schien kein Ende nehmen zu wollen. Dabei war es überhaupt nicht weit. Nur flach, eintönig, langweilig. Dann kamen die ersten Häuser, Vororte, geschlossene Straßenzüge. Der ausgeschlafene Milchbart wollte wissen, ob er den üblichen

Umweg fahren solle. Ich nickte, denn den Umweg über die Reeperbahn mache ich immer wieder gern. Wenn die gelben, grünen, roten, blauen und violetten Reklameleuchten allmählich ein Auge nach dem anderen zukneifen, die Nacht verabschieden und sich vor dem Tag zu fürchten beginnen, ist meine Zeit gekommen. Es macht mir Spaß, dem Rentner zuzusehen, der seinen Dackel gegen eine Hauswand pinkeln läßt, gleich neben dem Schaukasten mit Farbfotos heftig ineinander verknoteter Paare. Und die Frau dort an der Würstchenbude würde ich gern zeichnen können: mit der linken Hand drückt sie den Betrunkenen an die Budenwand, mit der Rechten schiebt sie ihm die Currywurst in den protestierenden Mund. An der Haltestelle des Autobusses stehen die anderen: frierend, unausgeschlafen, graue Gesichter unter tropfenden Regenschirmen. Menschen auf dem Weg zur Arbeit. Ebenso wie ich.

Die Dienstfahrt endete am rot-weißen Schlagbaum der Delta-Werke auf der anderen Seite der Elbe. Der Portier studierte unsere Ausweise über Gebühr sorgfältig, bevor er uns den Weg frei gab, und der Mechaniker vom Dienst wickelte sich nur widerstrebend aus seiner Decke. Stöhnend erhob er sich von dem schmalen Feldbett: »Um diese gottschlafene Zeit hat noch niemand sein Flugzeug abgeholt . . .« Er rieb sich den Schlaf tiefer in die Augen und suchte auf dem Schreibtisch nach seiner Brille. Sie lag gleich neben einem übervollen Aschenbecher.

»Also, welche Maschine ist es?« fragte er schlecht gelaunt. Ich gab ihm meine Flugzeugpapiere und zeigte auf die grüne Tafel, die fast die ganze Längsseite des kleinen Werkmeister-Raumes einnahm. Die vorgesehenen Starts des Tages waren mit Kreide eingezeichnet. Meiner war der zweite von oben.

»F 104 Gustav«, sagte ich. »Die Two-two-nine zero.«

Der Alte nickte und zog sich seinen weißen Kittel an. Damit

war auch für ihn die Nacht vorbei. Der Dienst begann mit dem Kittel.

Der Start meines Freundes Frank war in der obersten Rubrik der grünen Tafel vorgemerkt: »F 4. Test-Flug. Kennzeichen: T-T.«

»Wann startet die *Tango-Tango?*« wollte ich wissen.

»Bei Sonnenaufgang«, sagte der Mann im Kittel. Er schob Formblätter in einen Klarsicht-Ordner mit dem Aufdruck 22–90. »Die Industrie-Wartung ist ordnungsgemäß ausgeführt worden, Herr Hauptmann«, sagte er förmlich. Ich stieg in meine orangefarbene Flieger-Kombi und zog die graue Lederjacke darüber, während der Mechaniker weiterredete: »Zelle und Triebwerk ohne Beanstandungen . . . Material in der Hydraulik leicht ermüdet . . . Deshalb Rundum-Erneuerung . . . Wenn Sie bitte hier unterschreiben wollen.«

Draußen wurde es allmählich heller. Ich sah zu, wie der Regen vertröpfelte, und wartete auf Frank.

Mein Flugzeug stand auf dem Vorfeld und glitzerte in seiner Nässe. Ich hockte mich unter die linke Fläche und hoffte, daß sich die Sturmböen für heute ausgetobt hatten. Mir war kalt, und ich konnte auf die Duschen hochgepeitschter Pfützen verzichten.

Lange bevor Frank zögernd aus dem Verwaltungsgebäude in einen gewittrigen Morgen trat, öffneten sich die gigantischen Tore der Werkshalle. Das penetrante Summen der Elektromotoren wurde übertönt vom Kreischen der Schiebetüren in den Laufschienen. Die Spatzen hielten mit ihrem Gezeter inne. Sie warteten, bis die *Tango-Tango* aus der Halle gezogen war. Dann stritten sie von neuem.

Rein äußerlich betrachtet war die *Tango-Tango* nichts anderes als eine normale F 4. In Berichten über kriegerische Aktionen anderer Länder trägt sie den Namen *Phantom.* Dieses

Flugzeug hier jedoch wirkte in seiner leuchtendblauen Bemalung eher zivil. Es trug auch keine Bewaffnung. Die beiden Triebwerke hatten einen zusätzlichen Schub erhalten. Frank nannte ihn »den Stachel«. Zweimal hatte er ihn bereits erfolglos ausprobiert. Geschwindigkeit und Steigleistung hatten keinerlei nennenswerte Verbesserungen gezeigt. Es wurde gemunkelt, der Chefingenieur der Delta-Werke sei mit offenen Magengeschwüren ins Hafenkrankenhaus gefahren worden, noch bevor Frank vom Testflug zurückgekehrt war.

Ein Tankwagen kam auf mich zugerollt, und ein zweiter rollte der *Tango-Tango* zu Hilfe. Kompressorfahrzeuge zerstampften mit ihrem Lärm den Frieden des naßkalten Morgens. Schläuche wurden in den Bauch der Phantom geschoben, und ein junger Mechaniker zog eine überdimensionale Nabelschnur durch die Pfützen des Vorfeldes. Ich half ihm, den Bajonett-Verschluß in den Bauchnabel meines Starfighters zu drehen, kletterte frierend die Eisenleiter hoch, verstaute meine Beine in dem engen Cockpit und schloß das Kanzeldach.

Es hatte endgültig aufgehört zu regnen, und zaghafte Sonnenstrahlen malten blasse Flecken in das flache Nichts von Landschaft am Ende der Rollbahn. Und dann, zwischen Grau und Gelb und einem neuen Tag, kam Frank auf meine Maschine zu. Er freute sich, als er mich erkannte, und schickte mir die Andeutung eines Grußes. Seine graublauen Augen betrachteten mich versonnen, aber nur einen kurzen Augenblick lang, dann stülpte er sich den Fliegerhelm auf seine blonde Mähne, die allmählich weiß zu werden schien. Ich nickte ihm kurz zu. Kraft kam aufs Rohr, und ich konnte mich nicht mehr um Frank kümmern.

»Two-two-nine zero cleared«, sagte der Kontrollturm in meinen Kopfhörern. Ich begann zu rollen. Beim Abbremsen vor der Startbahn sah ich querab einen riesigen Tanker, der von Schleppern durch das ölbraune Elbwasser bugsiert wurde. Der Flughafen von Hongkong soll sogar eine Landepiste haben, die weit in das Hafenbecken hineinragt. Müßte Spaß machen, da mal landen zu dürfen. Der Hafen von Hamburg ist auch sehr schön. Wenn ich auf der Startbahn an der Elbe entlangrolle, träume ich davon, einmal auf diesem Fluß segeln zu dürfen. Leider kenne ich niemanden, der mich in seinem Boot mitnehmen würde.

Frank kam auf und bremste seine blaue *Tango-Tango* neben mir ab. Eilige Mechaniker umschwärmten hornissengleich unsere beiden Flugzeuge, zogen Bolzen und warnende Fähnchen aus Halterungen, drehten Verschlüsse zu und gaben sich gegenseitig Zeichen. Frank klappte das Canopy zu. Er schnallte die Sauerstoffmaske über der Nase fest. Morgens braucht er viel Oxygen. Ich drehte seine Frequenz ein und hörte ihn tief durchatmen.

»Besser?« fragte ich.

»Guten Morgen, Kleiner«, brummelte seine Stimme in meinen Ohren. Sein weißer Helm mit der roten Bemalung war nach vorn gebeugt. Er war beschäftigt und konnte nicht zu mir hersehen. »Kommst du ein Stück mit?«

»Ja«, sagte ich und sah, daß er nickte.

Der Turm erzählte uns mit monotoner Stimme, wie viele Millibar wir hätten, gab uns die genaue Ortszeit im Gegensatz zur Weltzeit *Zulu*, sagte, aus welcher Richtung der Wind käme und in welcher Stärke.

Neben der Piste stand ein Mann in einem weißen Kittel. Er schlug die Knöchel seiner Hände gegeneinander wie ein verzweifelter Boxer: der Ersatzmann für den krankgeschriebenen Chefingenieur.

»Taking off«, kam Franks unbeteiligt klingende Stimme durch meine Kopfhörer.

»Cleared«, antwortete der Mann auf dem Turm.

Die Ausgänge von Franks Turbinen schienen zu explodieren. Feuer schoß aus schwarzen Rohren. Zwei gigantische Bunsenbrenner. Mein Flugzeug wurde von der Kraft der *Tango-Tango* gebeutelt.

Die Mechaniker wendeten sich ab, preßten unförmige Schalldämpfer auf rotgefrorene Ohren. So muß es sein, wenn die Welt untergeht: entsetzt hochgerissene Hände, ein Sich-Stemmen gegen den Orkan, hilfloses Stolpern durch flachgepeitschtes Gras.

»Two-two-nine zero, going now.« Ich schob den Regler nach vorn.

»Cleared«, kam die Stimme des Controllers, aber ich blieb noch einen Atemholer lang auf der Bremse. Two-two-nine zero bebte, schüttelte sich, wollte davonpreschen, sich nach oben stürzen. Das ist nur Fliegern möglich: himmelan stürzen. Ich nahm die Füße von den Pedalen und entließ mich in die Freiheit.

Frank wartete bei Glückstadt. Er hing tief über der Elbe. Das Band des Flusses glänzte im Gegenlicht wie flüssiges Silber und rahmte sein Flugzeug ein, löste die Konturen des plumpen Metallkörpers auf und ließ ihn fast elegant und schwerelos erscheinen.

Ich holte Frank ein, legte mich an seine rechte Fläche und ahnte nicht, daß dieser Flug unser Abschied war.

Die Marschlandschaft unter uns war satt und wäßrig, und wenn Feuerwehrteiche neben grimmigen Kirchtürmen blinzelnde Augen zusammenkniffen, war ich nicht sicher, ob Frank den Frieden da unten überhaupt empfand. Früher hat er alles gesehen und in sich aufgesogen. Früher ist noch gar nicht lange her.

Wir flogen über ein verschlafen wirkendes Dorf. Ich sah einen kleinen Jungen die Hauptstraße entlang laufen, so schnell, als wolle er mit uns Schritt halten. In der gleichen Sekunde, in der er zu uns heraufwinkte, war er aus meinem Leben auch schon wieder verschwunden. Vielleicht ist er traurig gewesen, weil er nicht schnell genug laufen konnte, ist über die Gänse am Anger gestürzt, und als er sich wieder aufgerappelt hatte, waren die beiden fremden Flieger mit den heulenden Düsen schon längst in eine Zukunft geschossen, die er eines Tages zu seiner selbstverständlichen Gegenwart machen wird. Dann kann er über uns lächeln: Er kommt von einer seiner Reisen zum Mond zurück und führt seine Kinder in das Luftfahrt-Museum. Vor einem Düsenjäger der siebziger Jahre bleibt er stehen und erzählt von diesen primitiven Flugapparaten im Himmel über seinem Dorf, damals, als er noch ein kleiner Junge war. Seine eigenen Sprößlinge sehen mit staunenden Augen zu ihm auf. »Bist du denn schon so alt, Vater?« Und der Mann beeilt sich mit der Antwort: »Nein, nur, die Technik läuft viel schneller als die Zeit. Es ist noch gar nicht lange her . . .«

An engen Kanälen standen Kühe zwischen Trauerweiden und sahen aus, als wäre ihnen kalt.

»Kühe«, sagte ich und mußte ein bißchen Kraft wegnehmen, denn meine Maschine nahm Fahrt auf und Frank blieb zurück.

»Gesehen«, sagte er. Seine Stimme klang unpersönlich.

Alle Formeln, die uns Menschen das Fliegen möglich machen, sind mir bekannt. Schub. Verwirbelung. Auftrieb. Sog. Gleitwinkel. Kraft, Kraft, Kraft. Schule. Examen. Schweißausbrüche in der Nacht vor der Prüfung. Ich habe alles auswendig gelernt und auch verstanden, und trotzdem bleibt es für mich ein Wunder, daß ein Flugzeug die Schwerkraft der Erde überwinden und sich in die Luft erheben kann.

Quadratische Äcker in Braun und Grün zogen eilig unter uns hinweg, und ich versuchte, Frank in Stimme und Tonfall nachzuahmen:

»Sollten Sie mal zu einer Notlandung gezwungen werden, meine Herren, und Sie wissen nicht, woher der Wind weht, so empfehle ich einen Blick auf weidende Kühe . . . falls solche vorhanden sind. Kühe weiden grundsätzlich gegen den Wind.«

Als er lachte, war ich froh.

»Habe ich tatsächlich so gesprochen?«

»Ja.«

»So – so autoritär?«

Er sah zu mir herüber. Das dunkle Visier verbarg seine Augen.

»Du hast durch uns hindurchgesehen und warst in Gedanken oft woanders«, sagte ich.

»Für die Vögel, die wir heute fliegen, gilt das alles nicht mehr, was ich damals sagte«, meinte Frank lachend.

Stimmt. Heutzutage könnten Kühe einem Piloten kaum mehr dienlich sein. Aber damals, solange wir Propeller geflogen haben, waren die Mäuler der Wiederkäuer in Sachen Windrichtung ein guter Rat gewesen. Und noch etwas habe ich von unserem Fluglehrer Frank Tondern gelernt. Es liegt lange zurück, aber ich sehe ihn noch am Fenster des Klassenzimmers stehen und in einen hellen Sommerhimmel hinaufblinzeln.

»Sollten Sie zu einer Notlandung gezwungen sein«, hatte er mit leiser Stimme gesagt, »und Sie haben sich bereits für eine Wiese entschieden, so ändern Sie im Anflug niemals die einmal gefaßte Entscheidung. Die erste Wahl ist stets die beste.«

Der Satz ist haftengeblieben. Er war spezifisch auf die Fliegerei bezogen, aber ich habe ihn auf mein Leben übertragen.

Frank nahm Kurs auf das Meer, und ich blieb an seiner Fläche. Die Sonne war armselig gelb. Ab und an gelang es ihr, sich über die grauen Wolken eines Grönland-Tiefs zu schieben. Vor schlammig-nassen Wiesen glitt ein weiß-rot bemaltes Flugzeug, von Osten kommend, in unseren Weg. Die Kennzeichen waren deutsch, aber der Apparat sah fremdartig aus. *»Tornado«*, sagte Frank. Die Zeitungen waren voll von der Neuentwicklung, Fachblätter und Tagespresse.

Wie ich hörte, kann sie alles: langsam, schnell, sehr hoch, extrem tief. Allerdings braucht sie zwei Piloten. Mit dem Alleinsein in der Luft ist allmählich Schluß.

»Sie soll die Tragflächen ganz zurückfahren können«, sagte ich.

Frank nickte. »Wenn eine Schwalbe sich an warmen Sommerabenden nach unten auf die Mücken stürzt, legt sie die Flügel eng nach hinten an den Körper. Die *Tornado* macht's genauso.«

»Den Vogel muß ich aus der Nähe sehen«, sagte ich. »Wo treffen wir uns wieder?«

»Über Borkum«, schlug Frank vor.

Volles Rohr war nötig, um die Weiß-Rote einzuholen. Ich legte mich längsseits und grüßte zu den beiden Piloten hinüber. Der vordere grüßte zurück und fuhr im gleichen Moment die Flächen nach vorn. Das Flugzeug schien seine Form zu verändern. Eben noch schnittig, plusterte es sich plötzlich auf wie eine dicke Tante. Die *Tornado* blieb förmlich in der Luft stehen. Ich riß das Gas heraus und fuhr die Klappen aus und auch das Fahrwerk und dachte, ich fall' aus dem Himmel, so langsam bin ich gewesen. Der Weiß-Roten machte das Schneckentempo überhaupt nichts aus. In der vagen Hoffnung, daß die beiden da drüben die gleiche Frequenz eingedreht hatten, sagte ich: »Legt noch einmal die Ohren an, Sportsfreunde, und ich schmeiß' beim nächstenmal 'ne Runde.«

Die Frequenz stimmte. Der vordere drüben lachte. Die Tragflächen der neuen Maschine fuhren bis zum Höhenruder zurück. Zur gleichen Zeit nahm sie Fahrt auf, zog mit grandioser Beschleunigung steil nach oben weg und war schon Sekunden später mit bloßen Augen nicht mehr auszumachen.

Ich nahm Kurs auf die Küste. Der Nordsee-Strand war menschenleer und schmutzig. Im Sommer wimmelt's hier von Strandburgen und Nackten, Segelbooten, Fahnen und Kindern, die Drachen steigen lassen. Bei Regen im Winter jedoch gehört der Strand den Möwen.

Frank kreiste über Borkum.

»Nicht zu glauben, die *Tornado* . . .«, sagte ich.

»Ja.«

An seinem Atem konnte ich hören, daß er noch etwas hinzufügen wollte. Wenn sie funktioniert, ist so eine Funksprechanlage etwas Erstaunliches: Frank flog gut zwei Kilometer von mir entfernt, und doch rauschte jeder seiner Atemzüge überlaut durch meinen Helm.

»Was muß man eigentlich machen, um so was fliegen zu dürfen?«

Ich wollte Frank dazu bringen, aus seinem abgebrochenen Atemzug einen Satz zu machen. Es gelang nicht.

»Warten«, war alles, was er sagte.

»Hast du sie schon einmal geflogen?«

»Nein.«

»Ich dachte immer, sie wird bei euch gebaut . . .«

»Wird sie auch«, sagte er.

»Gibt's bei Delta einen, der mehr Flugstunden hat, als du?« fragte ich.

»Nein, aber . . .«

»Aber was?«

Er machte eine lange Pause.

»Es geht nicht immer nach den Stunden, mein Kleiner«, sagte er schließlich. Auf den Kleinen konnte ich verzichten.

»Haben die anderen irgendwas, was du nicht hast?«

»Allerdings.«

»Was?«

»Sie sind jünger«, sagte er leise, aber mit abschließender Bestimmtheit.

Die nächsten zehn Minuten flogen wir schweigend zwischen einem schmutzig grauen Meer und einer halbzerfetzten Wolkendecke. Es wurde mir langweilig. »Bis später, Frank. Ich geh' zurück zu Deltas und sehe dir von da aus zu.« Das Visier seines Helmes drehte sich in meine Richtung. Er hob die Hand. Sein Gruß war so alt wie die Zeit.

Der Mann am Radargerät trug einen weißen Kittel mit den Buchstaben *Delta* auf der Brusttasche. Die hellgrünen Kreise und Punkte auf dem Bildschirm waren ein abstraktes Gemälde, das sich zu einem bewegten Leben entschlossen hatte.

Im Hintergrund machten zwei Ingenieure Notizen.

»Morgen, Herr Hauptmann«, grüßte der Radarmann. Das Plastikschild an seinem Kittel nannte mir den Namen: Kanter. Ich wünschte ihm ebenfalls einen guten Morgen und fragte nach Franks Position.

»Testgebiet erreicht.«

Kanter deutete mit seinem Kugelschreiber auf einen hellen Punkt am oberen Rand des Gerätes. Ich pellte einen Kaugummi aus dem Silberpapier und hörte Frank vom Lautsprecher her sagen: *»Tango-Tango.* Habe Sechs Null erreicht. Beginne mit der ersten Phase.«

Der Radarmann bemühte sich, die atmosphärischen Störungen wegzudrehen.

»Na, na, was soll denn das?« Die Worte kamen gemurmelt aus dem Lautsprecher. »Komm' raus . . . Bleibt dir sowieso nichts anderes übrig . . .«

»Was sagt er?« wollte einer der beiden Ingenieure im Hintergrund wissen.

»Er spricht zu sich selbst«, sagte Kanter. »Das tut er häufig. Wußten Sie das nicht?«

Der Ingenieur schob sich aufgeregt das Mikrofon zurecht: »*Tango-Tango*, benötige Einzelheiten!«

Frank klang gelangweilt. »Der Leistungshebel wollte mal wieder nicht raus . . . Ist ja nicht neu . . . Habe Fahrt weggenommen, und er kam raus.«

Kanter schob mir einen Pappbecher mit Kaffee über das Radarpult.

»Und jetzt der Stachel.« Franks Stimme stand klar im Raum. Ich schlürfte den Kaffee, der nur heiß und sonst nichts war, und wanderte in dem fensterlosen Raum auf und ab. Einer der beiden Ingenieure sah irritiert auf. »Muß das sein?«

Kanter grinste mich an und drehte die Augen zur Zimmerdecke.

»Stachel geschoben. Wirkung enorm«, kam es kühl aus dem Lautsprecher. Der Ingenieur versuchte, in sein Tischmikrofon zu kriechen: »Geschwindigkeit?«

»Eins Acht bei Sieben Zwo . . . Eindrucksvoll . . . Temperatur auf Außenhaut im grünen Bereich.«

»Nächste Phase?« fragte der Ingenieur.

»Looping. Nach unten«, sagte Frank.

Die Techniker sahen überrascht auf. »Wieso nach unten?«

»Weil's dann schneller geht«, sagte Frank.

Kanter starrte mich fragend an. Ich hatte auch keine Antwort. Loop nach unten? Bei der Fahrt?

»Zwei Eins . . . Bin unten . . . Steige wieder.«

Ich schloß die Augen und sah, wie Frank in Rückenlage über dem Meer die Schallmauer durchbrach. Dann verließ er das Graugrün und stieg kerzengerade nach oben.

»Scheiße!« kam es gepreßt aus dem Lautsprecher.

Der Ingenieur wagte nicht, den Kopf zu heben. Er drückte auf die Sprechtaste: »Was ist? Fahren Sie mit den Daten fort! Geschwindigkeit? Ratio?«

Angst kroch in mir hoch und setzte sich zwischen die Schulterblätter. Die Stimmen anderer Piloten kamen mit Routinemeldungen durch. Nach Ewigkeiten war Frank wieder zu hören.

»Stachel ist neun Punkt vier Sekunden ausgefallen ... Sitzt jetzt wieder so fest wie er soll ... Sensationell ... Befinde mich in einer totalen Vertikalen ...«

Vor meinen Augen wurde es hell, dann weiß. Die Spulen und Schirme und Lampen des Raumes wanden sich in einem futuristischen Kranz. Franks Stimme wurde so leise, daß ich mein Ohr an den Lautsprecher legen mußte.

»Sonne ... ringsum nur noch Sonne ...«

»Steigrate?« schrie der Ingenieur ins Mikrofon.

»Hundert.« Frank fand noch einmal in die Realität zurück.

»Wie ein Meteor ... Fahrt reißt nicht ab ...«

»Temperatur auf Außenhaut?« Die Augen des Ingenieurs waren weit aufgerissen.

»Temperatur steigt.«

Die Männer im abgedunkelten Raum verloren die Nerven. Sie sprangen von ihren Hockern.

»Stachel weg!«

Und noch ein hysterischer Schrei. »Gehen Sie in Normalfluglage über!«

Frank hörte ihnen nicht mehr zu. Er hatte eine Sphäre erreicht, die er mit niemandem teilen wollte. Seine letzten Worte kamen geflüstert.

»So hell ... daß es fast schmerzt ... Auflösen ... So nah! ... Blendende Helle ... trotzdem ... die Augen ... offen ... halten ...« Der Ingenieur hielt das Mikrofon hoch in die Luft, streckte es mir entgegen. Sein Mund stand offen.

Mitten im Schrei festgefroren. Wollte er, daß ich zu Frank sprach? Ich schüttelte den Kopf. Zu spät. In dieser Sekunde wurde weit draußen über der Nordsee ein Flugkörper detonierend auseinandergerissen. Metallteile, Kabelstücke, Gummi, Plastik, Instrumente zerbarsten, verbrannten, fielen wie grauer Schnee ins Meer.

»O Gott!« sagte der Radarmann mit tonloser Stimme. Sein Kugelschreiber deutete auf den Schirm. »Sehen Sie nur . . .«

Der kleine Punkt, der eben noch Franks Flugzeug gewesen war, glühte auf, wurde heller und heller, zerbarst, sprühte Funken, wurde zu Tausenden von kleinen Sternen, zu einem Meteor.

Einen stockenden Atem lang fielen alle Sterne durch das grüne Bild. Dann erloschen sie, einer nach dem anderen. Der Radarschirm verdunkelte sich in allen Bereichen.

Aus dem Lautsprecher kam totes Rauschen.

Der Ingenieur sah auf die Digital-Uhr an der Wand.

»Sieben Uhr sechsundvierzig«, sagte er.

»Dienstag, der 14. Februar«, hörte ich meine Stimme sagen.

2

Abends, nach dem letzten Flug jenes verhängnisvollen Tages, war mein Zimmer noch seelenloser als bisher. Junge Flugzeugführer, neu in unserem Geschwader, lärmten über den Korridor der Junggesellen. Ich ging ihnen aus dem Weg.

Die Bar unseres Offiziers-Kasinos ist nichts Besonderes. Neonlicht und Schwedenmöbel. Aber das Bier kommt vom Faß, und manchmal freut sich ein anderer einsamer Pilot über den zweiten Mann zum Schach.

»Hier kommt er«, sagte der italienische Barmann zu zwei Männern in grauen Lederjacken über orangefarbenen Flieger-Kombis, die wartend zwischen dürren Hockern an der Theke lehnten. Sie nahmen mich schweigend in die Mitte.

»Der Klub der Übriggebliebenen«, sagte ich, und Heinz Wuttig nickte. Seine randlose Brille war blitzblank geputzt. Auf den ersten Blick sah er nicht nach Düsenjäger aus. Der Schein trügt. Heinz ist ein zuverlässiger Pilot. Als der liebe Gott den Humor verteilte, hat er zwar vergessen, »hier« zu rufen, bei der Vergabe von Ehrgeiz jedoch muß er sich vorgedrängelt haben. Wir sind ein Jahrgang, und Heinz ist bereits

Major und Staffelkapitän. Neben ihm richtete sich der lange Bertram auf und sah wortlos zu mir herunter. Laut Vorschrift ist er zu groß, um Starfighter zu fliegen. Unter Verzicht auf Rente hat er sich eine Sondergenehmigung erkämpft. Wenn bei ihm ein Luftnotfall eintritt, muß er mit der Maschine zu Boden. Er kann sich nicht rausschleudern, denn seine Beine sind zu lang. Sie würden ihm abgerissen werden.

Oberst Bertram nahm einen Schluck aus dem Bierglas und sah mich prüfend an.

»Wie groß war Ihr Schock?« wollte er wissen.

»Groß«, sagte ich und überlegte, was ich trinken sollte. Mein Kommodore nahm die Augen von mir und nickte.

»Du hast alles mit angesehen?« fragte Heinz Wuttig.

»Ja«, sagte ich und merkte, daß meine Stimme tonlos war. Ich hustete das Heisere weg und sagte noch einmal: »Ja.«

»Tod auf dem Radarschirm«, sagte der lange Bertram.

Der Italiener zog sich in seine Vorratskammer zurück.

»Und anschließend haben Sie die 22–90 überführt?« fragte der Oberst.

»Ja«, bestätigte ich.

»Bedenkenlos?«

»Ja.«

»Franks Absturz hat Ihnen nicht in den Knochen gesteckt?«

Es fiel mir erst jetzt auf, daß ich ohne Emotionen vom Werksgelände zu meinem Fliegerhorst zurückgeflogen war, eiskalt, ein gut funktionierender Teil einer frisch gewarteten Maschine.

»Während des Fluges habe ich überhaupt nicht an Frank gedacht.«

»Und jetzt?« fragte Heinz Wuttig.

»Jetzt brauch' ich was zu trinken.« Ich wollte ihm nicht sagen, wie ich mich fühlte.

»Doktor Bertram verordnet einen Scotch«, lächelte der Kommodore.

»Bourbon«, sagte ich, »doppelt ... in einem langen Glas ... mit viel Eis und Soda bis zum Rand.«

»Si, Signore Capitano!« Der Italiener kam glücklich strahlend aus seinem Versteck hervor. Ein idealer Barmann: immer vorhanden, wenn man ihn braucht, und unsichtbar, wenn man unter sich sein wollte.

»Doppelt?« fragte Wuttig besorgt.

»Doppelt, Herr Oberlehrer«, nickte ich.

»Bisher ist es niemandem gelungen, seinen Kummer zu ertränken.« Major Wuttig war ein wenig verletzt.

»Mein Kummer möchte schwimmen«, sagte ich und ließ mir vom Barmann das Glas zuschieben.

Bertram und Wuttig hoben ihre Bierseidel. »Auf Frank.«

Wir tranken und schwiegen. Einmal steckte ein junger Leutnant seine Nase durch die Tür. Da nichts los war, ging er wieder.

»Mir scheint, wir drei sind die einzigen im Geschwader, die Frank noch gekannt haben«, sagte Wuttig nach einer Weile.

»Sein Name fällt manchmal im Zusammenhang mit dummen Streichen«, meinte der lange Bertram. »Neulich erzählte mir der schöne Siebert von der zweiten Staffel, daß ein Luftaufklärer namens Frank Tondern einmal unter der Fehmarnbrücke durchgeflogen sei. Mit 'ner Phantom, im Rückenflug.«

»Warum im Rückenflug?« fragte Wuttig.

»Weil er die Brücke von unten fotografiert hat«, lachte Bertram, »stellen Sie sich nur mal vor, wie die Auswerter an den Fotos herumgeknobelt haben! Brücke von unten gegen den Himmel!! Kommt schließlich nicht alle Tage vor!«

»Eine hübsch erfundene Geschichte«, fand Wuttig.

»Eine wahre Geschichte«, widersprach Bertram.

»Woher wissen Sie?« fragte mein Staffelkapitän ungläubig.

»Weil ich damals auf dem zweiten Sitz gesessen habe«, brüllte der lange Bertram voller Glück und brach in ein Lachen aus, das die Gläser erklirren ließ. Sein Lachen war ansteckend. Selbst Wuttig ließ sich nicht lumpen. Bertram hielt sich den Bauch, und mir liefen die Tränen aus den Augen. Vergeblich suchte ich nach einem Taschentuch. Wuttig kam mir zu Hilfe. Er hatte zwei.

Der lange Bertram legte ein Bein über den Barhocker und starrte in sein Bierglas.

»Mit Frank hat wohl der letzte Tondern den Löffel aus der Hand gelegt«, sagte er. »Soweit ich weiß, war er der letzte Sproß dieser Familie.«

Ich nickte. »Seine Eltern sind schon lange tot.«

»Wenn ich mich recht entsinne, ist sein Vater im Krieg abgeschossen worden«, sagte Heinz Wuttig.

»Über Rußland. Als Fernaufklärer«, bestätigte ich.

»Und sonst?« fragte Wuttig. »Onkel, Tanten?«

»Nicht einmal eine geschiedene Ehefrau!« sagte der lange Bertram lächelnd.

Ich suchte verzweifelt nach einem anderen Thema. »Frank ist niemals verheiratet gewesen.«

»Ich kenne ein paar Damen, die sich Hoffnungen gemacht haben«, grinste Wuttig. »Beispielsweise die jetzige Frau des Kaufhausbesitzers Kindelmann . . .«

Oberst Bertram schien ihm nicht zuzuhören. Er sah mich nachdenklich an. »Das Mädchen aus Kanada war ein Traum. Sie war von ausgesuchter Schönheit.«

Der Schmerz in den Schläfen traf mich unerwartet.

»Frank hat sie einige Male zu uns nach Haus gebracht, zum Dinner. Sie konnte sehr plastisch erzählen, von den Wäldern, in denen sie aufgewachsen war – und von den dreißigtausend

Seen. Sie sagte, es könnten auch vierzigtausend sein, so genau wüßte das keiner. Niemand hätte sie bisher gezählt. Erinnern Sie sich?«

Heinz Wuttig mischte sich ein. »Ich sehe sie noch deutlich vor mir, die Stewardeß aus Kanada. Frank hatte sich unheimlich verknallt.«

Der lange Bertram schüttelte den Kopf. »Verknallt ist nicht das richtige Wort. Ich habe es für Liebe gehalten.« Er wandte seinen Blick nicht von mir. »Oder?«

»Ja«, sagte ich und hoffte, daß mir nichts anzumerken war.

Es war Liebe, Mylene.

Und wenn Ihr zusammen wart, bin ich durch flaches Land gestreift. Wie ein kleiner Junge hab' ich meinen Schrank getreten. Pläne hab' ich auch geschmiedet: Ich nehme Dich ihm weg. Was könnte er dagegen tun? Ich war der Jüngere von uns beiden. Der Lustige. Der mit der längeren Zukunft.

Frank hatte keine Zukunft mehr. Oder nicht mehr viel davon. Vor Dir breitete sich Dein Leben aus, weit, wie der Horizont. Wir beide hatten einen weiten Weg zu gehen. Zumindest hab' ich so gedacht. Doch dann sah ich, wie dumm ich war. Deine Augen hingen nur an ihm. Um Euch war eine unsichtbare Mauer aufgebaut. Dahinter seid Ihr stets allein gewesen: abgeschirmt, eingepackt in Euer Glück.

»Er schien bei ihr in guten Händen«, sagte der lange Bertram.

»Schon«, sagte Wuttig, »aber Frank hat sich nicht binden wollen.«

Nein, dachte ich, er hat sich nicht gebunden, und die Delta-Werke wissen nichts von ihr. Geliebte werden nicht erwähnt im handgeschriebenen Lebenslauf. Nur Ehefrauen vergilben in den Akten.

Wo war Mylene? Wie konnte ich sie erreichen?

Der pulsierende Schmerz in meinen Schläfen wurde unerträglich. Das war die Müdigkeit. Erschöpfung. Weiter nichts.

Ich wollte Mylenes Bild in mein Gedächtnis rufen. Ihre Augen waren schwarz und ihre Haare auch. Lange Haare, bis weit hinab über den Rücken. Zwei Jahre lang habe ich mich gezwungen, nicht an sie zu denken. Jetzt, wo ich sie zurückholen wollte, hatte ihr Gesicht keine Konturen mehr.

»Träumen Sie, Wenthoff?« fragte der Oberst.

Ich nahm einen verzweifelt langen Schluck aus meinem Glas.

»Frank stammte vom Land, oder nicht?« fragte Wuttig. Als ob dies wichtig wäre. Wenn einer tot ist, wollen sie alles wissen.

»Ja.« Der Bourbon tat mir gut. »Seine Eltern hatten ein Gut oder einen Bauernhof in der Uckermark. Nördlich von Brandenburg. Jetzt auf dem Gebiet der DDR.«

»Heller Sand und Kiefernwälder«, sagte der lange Bertram.

»Frank ist im Sommer barfuß gelaufen«, sagte ich, »wie alle Kinder damals auf den Dörfern.«

»Sein Vater war Ballonfahrer«, erinnerte sich Wuttig lächelnd.

»Sonntags, nach der Kirche, stieg er auf – wenn die anderen ins Wirtshaus gingen«, ergänzte ich.

Wir standen im kalten Neonlicht einer trostlosen, menschenleeren Fliegerbar und hielten Totenwache. Wir kamen dem Seelsorger zuvor, fügten Steinchen an Steinchen und legten so das Mosaik eines Fliegerlebens.

Franks Blick zurück in die Kindheit war eingerahmt von dem weidengeflochtenen Korb eines Heißluftballons. An seinem siebenten Geburtstag zeigte ihm der Vater die Äcker und Wälder seiner Heimat aus der Luft. Er hob den Sohn hoch über den Korbrand: »Schau genau hin. Die Welt ist rund.«

Als der Kleine auf das Dach der Schule spucken wollte,

durfte er das auch. Der Vater stand dabei und lachte. Er war ein Mann, der bis ans Ende der Felder sehen konnte, aber beim Lesen mußte er sich eine Brille auf die Nase setzen. Ebenso wie andere Väter aus dem Dorf zog er in den Krieg, 1939, kurz nachdem die Ernte in den Scheunen war. Frank hatte ihn sehr vermißt, den großen Freund, der Ballon fahren konnte. Manche Väter waren ins Dorf zurückgekehrt. Ab und an. Wenn sie Urlaub hatten. Oder später, als das Hitler-Reich zusammengebrochen war. Franks Vater ist nicht zurückgekommen.

Die Mutter des Jungen hatte einen schönen Vornamen: Marie-Louise.

»Benannt nach der Tochter des österreichischen Kaiser Franz«, hatte Frank mir irgendwann einmal erklärt. »Nach der sanftmütigen Erzherzogin Marie-Louise, die 1810 den französischen Kriegsverbrecher heiraten mußte.«

»Kriegsverbrecher? 1810?«

»Napoleon«, hatte Frank gesagt. »War der in deinen Augen etwa keiner?«

Marie-Louise Tondern war nicht so weiblich und verständnisvoll wie die Namensvetterin aus dem Geschichtsbuch. In den Ballonkorb ist sie nicht geklettert. Im Hause aber und auch auf den Feldern war sie resolut. Röcke hat sie nie getragen. Immer nur Hosen. Sommers und winters.

»Ihre Beine habe ich nur ein einziges Mal gesehen«, hatte Frank erzählt, an einem Abend mit sehr viel Spätburgunder. »Sie war nackt. Im Fluß, fühlte sich unbeobachtet. Ich war ihr nachgeschlichen. Als sie aus dem Wasser stieg, trug sie Silberperlen auf dem Körper. Die Sonne hat mir die Perlen weggenommen.« Wehmütig hatte Frank in sein Glas gelächelt. »Sie muß sehr einsam gewesen sein, die Frau am Fluß. Ebenso wie ich. Vater war an der Ostfront. Ich muß zehn Jahre alt gewesen sein. Meine Liebe zu der Frau war groß.«

Franks jüngerer Bruder ist im selben Fluß beim Spiel ertrunken. Die Mutter hat nicht geweint und nicht ein einziges Mal geklagt.

»Ist es zu lange her?« hat Frank gegrübelt. »Täuscht mich die Erinnerung? Oder gab es tatsächlich nicht viel Fröhlichkeit in meinem Elternhaus? Wenn ich an Muttern denke, sehe ich ihr Gesicht versteinert. Schön zwar, aber ernst. Kaum der Hauch von einem Lächeln.

Die Winter haben viel Schnee auf unser Land gelegt, und die Sommer waren voller Hitze. Junge Mädchen trugen dunkle Blusen über schwarzen, weiten Röcken. Sonnabends trugen sie die Kuchenbleche hoch über ihren Köpfen hin zum Bäcker. Wenn einer starb oder im Kriege fiel, wurde nicht viel davon gesprochen. Ich habe früh gelernt, daß ein vom Blitz gefällter Baum kein Grund zu langer Klage ist. Wo er einst stand, wächst bald ein neuer. Wenn's nicht so wäre, gäb es keine Wälder.«

Der Zweite Weltkrieg war schon lange Zeit beendet, da kam ein russischer Soldat in den Stall des Bauernhofes. Er hatte Auftrag, die zwei letzten Kühe abzuholen. Marie-Louise Tondern lehnte ab. Der junge Sowjet ließ sich nicht beirren. Da richtete Franks Mutter eine Schrotflinte auf den Soldaten, für die es schon seit Ewigkeiten keine Munition mehr gab. Der Rotarmist hat das nicht wissen können. Er sagte später zu seinem Kommandanten, daß er die Frau in Notwehr erschossen habe.

In der Nacht nach der Beerdigung schloß sich die dreizehnjährige Vollwaise einem Treck von Bauern an, die aus Ostpreußen kamen und in den Westen wollten.

Bertram und Wuttig starrten vor sich hin.

»Ein recht trockener Bericht«, sagte der Oberst.

»Es ist alles, was ich weiß«, sagte ich. »Und außerdem –

was würde es schon ändern, wenn die Geschichte bunter wäre?«

»Eine traurige Kindheit«, sagte Wuttig.

Das Schweigen in der Bar war erdrückend.

»Franks Ende schließt den Ring«, stellte der Oberst fest. Heinz Wuttig sah ihn fragend an. Ich nahm den letzten, langen Schluck aus meinem Glas.

»Kein Mitglied der Familie ist friedlich in seinem Bett gestorben«, sagte der lange Bertram. »Erzählen Sie weiter, Wenthoff.«

Ich stellte das Glas ab. Die Nähe der beiden Männer tat mir gut. Und es tat mir gut, über Frank zu sprechen.

»Wie soll ich den Bericht nennen?« Ich dachte nach.

»Nennen Sie ihn, wie Sie wollen«, sagte Bertram.

»Stationen einer Jugend«, sagte ich. Der Oberst nickte.

Stationen einer Jugend.

1946: In Frankfurt am Main lächeln hungernde Menschen, die in zerfetzten Wohnungen oder in Kellern leben, über einen Halbwüchsigen, der fragt, wo Ballonfahrer gebraucht werden.

1947: Sibirische Kälte hat die Trümmer der Stadt zu Eis erstarren lassen. Eine Bande findiger Knaben macht aus der Not ein Geschäft. Sie springen auf Güterzüge und füllen Kohle, die für den französischen Sieger bestimmt ist, in Säcke. Die andere Hälfte des Syndikats ist an der Eisenbahnstrecke postiert und jubelt, wenn die Säcke von den Loren fliegen und den Bahndamm hinunterkollern. Sie laden die wertvolle Handelsware auf Kinderschlitten und schieben sie zum schwarzen Markt. Eines kalten Tages bremst der Güterzug unerwartet hart. Frank stürzt von der hohen Lore und bricht sich ein Bein. Seine kohleklauenden Blutsbrüder ziehen ihn auf dem Schlitten den weiten Weg in die Stadt zurück bis vor das *Excelsior.* Dann laufen sie weg. In dem von Bomben verschonten Seitenflügel des einst luxuriösen Hotels dürfen außer Offizieren der Siegermächte auch der eine Schweizer Geschäftsmann oder der andere schwedische Aufkäufer absteigen. Sonst niemand. Frank liegt frierend und hilflos wie ein zu groß geratenes Findelkind vor dem Hoteleingang. Sein Bein schmerzt ihn. Hotelgäste verschiedenster Hautfarbe und Länder sind zum Umweg um den Schlitten gezwungen. Ein deutscher Portier eilt beflissen herbei und will den Jungen fortziehen, ihn woanders abstellen, wo er weniger stört. Die blaugefrorene Frau eines hohen amerikanischen Offiziers läßt dies jedoch nicht zu. Lautstark fordert sie den Abtransport des Hilflosen in ein Hospital. Die wenigen verbliebenen Krankenhäuser sind jedoch überfüllt, und so landet Frank auf seinem Schlitten im nächstgelegenen Polizeirevier.

Die Geschichte war zwar noch lange nicht zu Ende, aber mein Glas war leer, und eine schwere Müdigkeit ließ sich auf mir nieder. Der Barmann klirrte unnötig laut mit blankpolierten Gläsern.

Wuttig sah auf seine Uhr. »Wir sollten langsam gehen.«

Bertram legte einen Geldschein auf den Tresen.

Die Nacht war kalt und hatte keine Sterne.

»Ist Frank damals eingesperrt worden?« wollte Heinz Wuttig wissen.

»Nein«, sagte ich. »Zu viele kleine Jungs haben damals Kohlen geklaut.«

Der lange Bertram lehnte sich mit dem Rücken an seinen Dienstwagen. »Er ist Ihr Fluglehrer gewesen, Wenthoff?«

Ich nickte.

»Meiner auch«, sagte Wuttig.

»Und mich hat er zur Fliegerei überredet.« Oberst Bertram lächelte nach innen.

»Tatsächlich?«

»Ja«, sagte Bertram. »Frank war mein Klassenkamerad. In der Klosterschule St. Georg, einem Internat am Main.«

»War er denn katholisch?« fragte Wuttig.

»Wohl kaum«, sagte Bertram. »Die guten Patres drückten beide Augen zu, wenn es darum ging, einem Waisenkind den Himmel zu öffnen.« Er zog den Reißverschluß seiner Lederjacke bis unters Kinn und vergrub die Hände tief in den Hosentaschen. »In der Bastelstunde baute er Heißluftballons. Ich half ihm dabei. Wir ließen sie an langen Schnüren steigen. Später bauten wir Modellflugzeuge, mit und ohne Motor. Dann kam das Abitur. Wir packten unsere Koffer und waren sicher, daß wir uns nie wieder begegnen würden.«

Ich fror. Wuttig rieb sich die geröteten Augen.

»Wollen Sie den Rest hören?« fragte Bertram.

»Ja«, sagte ich.

»Ein Jahr später stand Frank vor meiner Tür, mit Schmieröl unter den Nägeln und einer neuen Idee im Kopf. Er wollte meinen Vater sprechen. Der Senior war Notar. Und Notare sind bekanntlich nicht unvermögend, auch wenn sie stets das Gegenteil behaupten. Nach der dritten Einladung zum Abendbrot hatte er meinen Vater davon überzeugt, daß eine Stadt wie Frankfurt unbedingt einen Aero-Klub braucht. Mein Vater unterschrieb den ersten Scheck, womit er automatisch Präsident des Vereins wurde. Von Stund an bauten wir keine Modelle mehr, sondern richtige Flugzeuge und lernten fliegen.«

Ich wußte, daß Bertram jetzt sagen würde ›Das waren noch Zeiten, damals!‹, und versteckte mich hinter einem Gähnen, als ich ihn sagen hörte: »Herrlich ist das in den Tagen gewesen! Frank verdiente sich sein trockenes Brot als Automechaniker, und ich war Lehrling Nummer dreitausendsiebenundachtzig bei der Stadtsparkasse. Unser Segelfliegerklub wuchs und wuchs. Unter den Flugschülern war auch ein Mädchen. Eine Studentin namens Lori. Ein ehrgeiziges Mädchen mit einer lustigen Stupsnase. Sie hat mich geheiratet.« Er lachte und sah auf die Uhr. »Jetzt wartet sie zu Hause und wundert sich, warum ich noch nicht da bin. Ich hätte sie anrufen sollen und ihr sagen, was geschehen ist und daß es später wird. Sie hat Frank gern gemocht.«

Er sah Wuttig an. »Wartet Ihre Frau auch, bis Sie daheim sind, bevor sie sich schlafen legt?«

»Ja«, sagte Wuttig, »ich glaube, auf eine gewisse Weise ähneln sie sich alle.«

Auf mich wartete niemand, und es blieben mir noch genügend Stunden Schlaf bis zum ersten Start am nächsten Morgen.

»Hat Frank Sie auch zur Luftwaffe überredet?« fragte ich den Oberst.

»Nein«, sagte er, »ausnahmsweise war es umgekehrt. Frank wollte Verkehrsflieger werden. Mir kam das vor wie Autobus-Chauffeur. Frankfurt rauf, München runter. Nächste Haltestelle Rom. Das hat er eingesehen.«

Wir lehnten am Auto, froren, waren uns mehr oder weniger fremd und konnten uns trotzdem nicht trennen.

3

Das langgestreckte Fenster rahmte die Michaeliskirche ein und ließ links und rechts noch etwas Platz für emsige Schlepper und behäbige Ozeandampfer auf dem Fluß. Der Fischmarkt war voller gestikulierender Menschen, aber ihre Stimmen drangen nicht in den achten Stock hinauf.

In der Küche stand noch seine Kaffeetasse, und das Bett schien er eben erst verlassen zu haben. Die Tür war endgültig hinter ihm ins Schloß gefallen, aber die Wände sprachen noch von ihm. Ich lehnte meine schmerzende Stirn an die kühle Scheibe des Fensters, das mich von einer Welt trennte, die an meiner Trauer keinen Anteil nahm.

Weit unter mir kehrte der Hausmeister immer noch den Vorplatz. Vorhin, als ich an ihm vorbeigehen wollte, hatte er mich aufgehalten. »Herr Tondern ist nicht oben. Vor zwei Tagen ist er sehr früh am Morgen fort und seitdem nicht zurückgekommen. Dienstreise vermutlich.«

Der Tod des Mieters war noch nicht zum Hausmeister gedrungen. Presse, Funk und Fernsehen hatten bisher nichts berichten können, denn niemand war Zeuge des Unfalles gewesen, und die Delta-Werke schwiegen sich aus.

Dem Hausmeister war die Unterbrechung gelegen. Er kam mir in die Eingangshalle nachgelaufen.

»So glauben Sie mir doch! Er ist wirklich nicht in seiner Wohnung.«

»Ich weiß«, sagte ich und zeigte dem Mann den Schlüssel zur Wohnung 8 E. Schon vor Jahren hatte Frank ihn mir gegeben. Ich hatte ihn nie benutzt.

An der Schlafzimmertür hing ein Poncho aus weicher Wolle mit indianischen Mustern. Er roch nach Mylene. Unter der Nachttischlampe stand ihr Foto. Schwarze Haare, vom Wind in ein schmales Gesicht geweht. Schwarze Augen, trotz einer hellen Sonne weit geöffnet. Ein rufender Mund, oder ein glückliches Lachen. Ich nahm das Foto in die Hand und wunderte mich. Warum schlug mein Herz nicht schneller? Das Bild war nur farbiges Papier und sagte mir nicht viel. Ein Gesicht, ein schönes Mädchen kam in meine Erinnerung zurück. Ich versuchte, sie in meine Vergangenheit einzureihen, aber sie gehörte in die Vergangenheit des anderen.

»Nimm den dritten Schlüssel zu dieser Wohnung«, sagte ich zu dem Bild, »du hast doch sicher einen. Schließ die Tür da drüben auf und komm herein. Ich will dich sehen – dich. Nicht dein Foto.« Ich merkte, daß ich laut gesprochen hatte.

Auf dem zweiten Nachttisch glänzte der Stein aus violettem Bergkristall, der einem markanten Stern gleichsah. Daneben lag das abgewetzte Notizbuch, das ich suchte. Viel stand nicht darin, und ich fand schnell ihren Namen.

Mylene Malparte
85 Glocester Street
Apt. 499
Toronto
Ontario M4Y 1Q8

Eine Telefonnummer stand nicht daneben. Ich wählte die Auslandsauskunft und legte auf, bevor sich das Fräulein melden konnte. Ich wollte nicht die Telefonrechnung eines Mannes belasten, den es nicht mehr gab. Der endgültige Abschied von einem Menschen wird an Banalitäten erkennbar.

Selbst das Postamt auf St. Pauli roch nach Fisch. Der Schalterbeamte war glatzköpfig und hatte die verwaschenen Augen eines Schnapstrinkers. Seine plumpen Annäherungsversuche wurden von dem jungen Mädchen vor mir nicht beachtet. Sie nahm die 50 Mark von ihrem Postsparbuch und überließ mir das Feld für mein Telegramm. Nach mehreren Versuchen hatte ich mich für einen einzigen Satz entschieden: »Frank ist von einem Flug über die Nordsee nicht zurückgekehrt.« Hinter meinen Namen setzte ich die Anschrift meines Fliegerhorstes.

Mylene hat nie geantwortet.

Die Untersuchungskommission brauchte gut sechs Wochen, bevor alle Unterlagen in den Aktenordnern waren. Mein schriftlicher Bericht befand sich auch darin. Sehr aufschlußreich kann er nicht gewesen sein. Ich habe lediglich Tatsachen niedergeschrieben. Meine Vermutungen gehören mir allein.

Das Komitee wählte überraschend einen Hangar unseres Geschwaders zum Tagungsort. Junge Rekruten schleppten Tische aus der Kantine herbei und schoben sie zwischen reparaturbedürftigen Starfightern zu einem einzigen langgestreckten Richtertisch zusammen. Eine Reihe aufgebockter Düsenaggregate erinnerte an Kanonen aus Napoleonischen Kriegen. Ihre schwarzen Schlünde richteten sich auf den Vorsitzenden.

Der General Flugsicherheit hatte eine derartige Bedrohung nicht verdient. Er war weißhaarig, eher gütig. Kurz vor dem Ruhestand. Eingerahmt von Offizieren und Zivilisten saß er in der Mitte des Tisches. Die Herren trugen Gewänder der Neuzeit, sie plauderten nicht miteinander, hatten nicht die

Arme auf die Schultern des nächsten gelegt. Es stand auch kein Wein auf dem Tisch, und die Laibe Brot fehlten. Und trotzdem glich das Bild dem Letzten Abendmahl.

Auf der Nordseite des Hangars klettert eine Feuerleiter hoch nach oben unter das Dach und verbreitet sich zu einem eisernen Podest, das von außen über den Notausgang zu erreichen ist. Zwischen einzelnen Starts stieg ich zu diesem idealen Beobachtungsposten hinauf. Unbemerkt hockte ich da oben und verfolgte die ausweglose Suche nach der Ursache des Unfalles.

Am ersten Verhandlungstag geschah nichts Besonderes. Am zweiten hörte ich den Vorsitzenden sagen: »Die letzten Worte des Flugzeugführers der *Tango-Tango* auf dem Tonband des Radarraumes lassen die verschiedensten Deutungen zu.«

»Nicht in technischer Hinsicht«, protestierte der Chefingenieur der Delta-Werke.

»Wirklich nicht?« Die Stimme des Oberst Bertram klang metallisch hart und zornig. »Wollen Sie etwa bestreiten, was dem Tonband klar und deutlich zu entnehmen ist? Demnach hatte Frank Tondern während seines letzten Fluges zweimal mit technischen Mängeln fertig zu werden.«

Der Psychologe wollte Wogen glätten: »Lassen wir das fragliche Band doch noch einmal durchspulen.«

Während der Protokollführer das Band zurücklaufen ließ, sagte der Vorsitzende: »Die Sprache des Flugzeugführers ist zuweilen – na, sagen wir einmal – ungehobelt zu nennen. Trotzdem wäre es dem Ernst der Stunde angemessen, wenn keiner der hier Anwesenden einigen aus dem Zusammenhang gerissenen Worten eine wie immer geartete anderweitige Deutung geben würde.«

Oberst Bertram und der Psychologe sahen sich an und bemühten sich, ein Grinsen zu unterdrücken.

Dann erklang seine Stimme und schnitt tief in mich hinein. Ich wollte davonlaufen. Ein schmales braunes Band drehte sich von einer Spule zur anderen und ließ ihn so sprechen, als würde er im nächsten Augenblick da unten durch die große Hallentür treten. »Na, na, was soll denn das? Komm raus ... Bleibt dir sowieso nichts anderes übrig ...«

Die seriösen Herren da unten schwiegen. »Regler wollte mal wieder nicht raus ... Ist ja nicht neu ...«

Oberst Bertram lehnte sich vor und sah dem Delta-Ingenieur ins Gesicht: »Der erste technische Ausfall!« Im gleichen Augenblick sagte Franks Stimme: »Scheiße.« Und der Ingenieur schüttelte unangenehm berührt den Kopf. »Äußerst bedauerlich.«

»Wie meinen?« Der Vorsitzende wandte sich an den Ingenieur. »Mein linkes Ohr will neuerdings nicht mehr so recht. Was sagten Sie?«

»Die Ausdrucksweise des fraglichen Piloten ...«, sagte der Chefingenieur. »Immerhin ist sie aufschlußreich in bezug auf seinen Charakter.«

Der lange Bertram schob verärgert seinen Stuhl zurück. »Blödsinn! Sie sollten mich mal hören ... ›Verdammte Notzucht‹ ist vergleichsweise ein Bibelwort, wenn an meiner Maschine das Ruder klemmt!«

Der General wandte sich an den Stenografen. »Der letzte Satz ist als rein persönliche Bemerkung seitens Oberst Bertrams zu werten und wird gestrichen.«

»Jawohl, Herr General.« Der Stenograf strich den Satz.

»Sie scheinen bereits zu der Überzeugung gelangt zu sein, Herr Bertram, daß ein klemmendes Höhenruder die Unfallursache war?« wollte der Vorsitzende wissen. Die Antwort kam vom Ingenieur.

»Eine derartige Behauptung wäre nicht nur voreilig – sie kann guten Gewissens gar nicht erst aufgestellt werden! Das

Testflugzeug hat unsere Werft in technisch einwandfreiem Zustand verlassen.«

Er überreichte dem Vorsitzenen eine umfangreiche Akte. »Hier sind alle Daten zusammengefaßt. Es ist keine Inspektion mit der linken Hand durchgeführt worden. Nicht eines der Systeme wurde übersehen. Ich selbst habe vermittels meiner Unterschrift die *Tango-Tango* für den Flug freigegeben.«

Der Vorsitzende studierte die Wartungsblätter und sprach gleichzeitig leise vor sich hin. »Das Flugzeug ist vor gut sechs Wochen verunglückt. Bisher ist es nicht gelungen, das kleinste Wrackteil herbeizuschaffen und analysieren zu lassen. Anhaltspunkte über Materialfehler gibt es nicht . . .«

»Ebensowenig wie Anhaltspunkte über menschliches Versagen«, warf der lange Bertram ein. »Der Flugschreiber ist nicht gefunden worden. Vermutlich liegt er mit allen anderen Teilen des Wracks auf dem Grund der Nordsee.«

Der Vorsitzende nickte. »Die Marine hat den entsprechenden Raum abgesucht. Selbst Froschmänner haben nichts finden können. Das Unternehmen ist aus Kostengründen inzwischen ergebnislos abgebrochen worden.«

»Lassen wir technische Aspekte einstweilen beiseite«, sagte der Psychologe. »Beschäftigen wir uns doch einmal vordergründig mit der Persönlichkeit des fraglichen Flugzeugführers.«

»Sein Ruf ist über jeden Zweifel erhaben«, stellte Oberst Bertram fest. »Sie werden in seiner Personalakte nichts Nachteiliges finden.«

Ich mochte nicht länger zuhören und verließ meine Beobachtungsplattform. Der dunkle Notausgang nahm mich auf. Ich tastete mich vorsichtig die Treppenstufen hinunter. Von weit her fand die Stimme des Delta-Ingenieurs sogar bis in diesen Betonschacht: »Als Pilot war Frank Tondern einer der besten. Hätten wir ihn sonst eingestellt?

Die Technik ist zur Religion geworden, Maschinen sind die Götter. Menschen machen Fehler, Maschinen nie. Denn schließlich sind sie doch unmenschlich. Nein, Mylene. Das Unglück war kein menschliches Versagen. Zwei Worte halte ich in meinen Händen und wäge ab: *Ver*sagen oder *Ent*sagen?

Die nächste Woche verlief routinemäßig: Warten im Bereitschaftsraum, Kontrollflüge an der Grenze, Schießübungen auf geschleppte Ziele, ein Abend bei Heinz Wuttig im Einfamilienhaus mit Frau und kleiner Tochter.

Frank sprach nur noch zu mir, wenn meine Gedanken ihn riefen. Mylene hatte ich mit einem Telegramm rufen wollen, aber sie dehnte das Schweigen zwischen uns aus, und ich begann, mich auch daran zu gewöhnen.

In das Vorzimmer der Wetterfrösche war eine neue Schreibkraft eingezogen: Elke. Auf den ersten Blick wirkte sie kühl, abweisend. Sie reihte sich in die Schlange vor der Essensausgabe der 1. Staffel, und ich stellte mich hinter sie. Ihr Körper roch nach dem kalten Wind auf dem Vorfeld und einem anspruchslosen Parfüm.

»Sie riechen aufregend gut«, sagte ich in ihren Rücken hinein. Sie drehte sich um und schien nicht überrascht.

»Ja?« fragte sie.

»Ja«, sagte ich.

»Wonach?«

»Nach dem kalten Wind auf dem Vorfeld und einem erlesenen Parfüm.«

Elke lachte. Sie hat grüne Augen und Sommersprossen. Ihre Wohnung besteht aus zwei Zimmern in einem Zweckbau am Rande von Wilstensen. Sie war allein, als ich abends unangemeldet an ihrer Wohnungstür klingelte.

»Was würden Sie tun, wenn ich Besuch hätte?« fragte sie.

»Ich würde dem Herrn in den Mantel helfen.«

Elke lachte wieder. »Sind Sie immer so schnell?«

»Stört Sie das?«

»Nein«, sagte sie nach einem kurzen Zögern.

Die Scholle im *Finkenwerder Krug* war gut, und die Verstärker des *Blow Up* peitschten Vibrationen durch Möbel und Menschen. Auf dem Heimweg fror sie. Sie wehrte sich nicht, als ich sie auf dem nächtlichen Marktplatz in die Arme nahm und küßte. Ihre Lippen nahmen meinen Mund gefangen. Durch ihren Körper lief ein Zittern. In ihrer Wohnung ging sie von Lampe zu Lampe, bis alles hell erleuchtet war.

»Möchtest du Musik?« In ihrer Frage versteckte sich ein Lächeln.

»Nein.«

»Soll ich Kaffee machen?«

»Nein«, sagte ich und zog sie an mich.

»Ich hab' noch einen Rest Chianti.«

»Nicht nötig.«

»Was möchtest du denn?« fragte sie und lachte wieder. Unter ihrem dicken Seemannspullover und den Blue jeans war sie nackt. Ich trug sie zu ihrem Bett hinüber.

»Kannst du zärtlich sein?« fragte sie. »Du mußt Geduld haben, mir Zeit lassen.« Ihre Augen waren dunkelgrün und besorgt. »Zart bitte, ganz zart . . .«

Alle Lichter brannten noch, als ich morgens aufwachte. Elke schlief zusammengerollt auf der Couch im Wohnzimmer.

»Warum?« fragte ich.

»Du hast geschnarcht.«

Sie brachte mir eine Tasse Kaffee an die Badewanne.

»Kannst du mir einen Gefallen tun?« fragte sie.

»Jeden, der in meiner Macht steht.«

»Erzähl den anderen Piloten nicht, wie leicht du es bei mir gehabt hast.«

Jede freie Stunde aller Tage der nächsten Woche verbrachte ich auf meinem geheimen Beobachtungsposten unter der Decke der Flugzeughalle. Wenn Maschinen hereinkamen oder eine Staffel startete, wollten die Scheiben der Oberlichter unter dem infernalischen Lärm der Düsen aus den Eisenrahmen springen, und die Münder der Sprechenden am Tisch des Letzten Abendmahles erinnerten an Karpfen.

Es kam, wie es kommen mußte: Die Untersuchungskommission zersägte posthum den Charakter des Piloten. Selbst der lange Bertram konnte daran nicht viel ändern. Und dann kam der Tag, an dem er zum Telefon gerufen wurde. Jener Anruf veränderte mein Leben. Ein Zufall. Reiner Zufall und nichts als ein Zufall. Acht Meter unter mir an der Hallenwand hing der graue Militärfernsprecher, den das Schicksal zum Werkzeug gewählt hatte.

Oberst Bertram nahm den Hörer vom Haken: »Ja, was gibt's?«

Er hörte sich eine längere Meldung an.

»Ein Kurierflug, na gut ... Was ist daran so außergewöhnlich? ... Was? Nach Israel? Na, fabelhaft! Von wem kommt die Kurierpost? ... Donnerwetter! Wann wird der Geheimnisträger hier eintreffen? ... Da bleibt uns nicht viel Zeit, mein Lieber.«

Er lehnte sich gegen die Wand und dachte nach. »Nehmen Sie folgenden Befehl auf«, sagte er dann: »Die 1. Staffel macht eine Maschine startklar. Eine F104 *Gustav*. Viertanker, bis an den Kragen vollgetankt. Keinerlei Kinkerlitzchen als Zuladung. Nur der Pilot, die Aktentasche und Sprit. Das Flugzeug wird unverzüglich für einen Alarmstart vorgewärmt. Wiederholen Sie.«

Er hörte sich alles noch einmal an. »Was wollen Sie noch?« Pause.

Der lange Bertram schien nachzudenken. »Nein – diesmal knobeln die Herren Flugzeugführer nicht um den Langstreckenflug. Ende.«

Er hing ein und nannte meinen Namen, aber so leise, daß ich glaubte, mich verhört zu haben. Dann lehnte er sich zurück. Seine hellen Augen schauten nach oben zu meinem Podest.

»Kommen Sie da runter!«

Ich benutzte die Eisenstange der Feuerleiter als Rutschstange und landete direkt vor seinen Füßen. Die Herren um den General Flugsicherheit sahen zu uns her.

»Sie müssen mich eine Zeitlang entbehren, Herr General«, rief Oberst Bertram ihnen zu. »Eine äußerst dringende dienstliche Angelegenheit.«

Dann ging er schweigend durch die Halle zum Ausgang. Er hielt es nicht für nötig, mir zu befehlen, ihm zu folgen. Er wußte, daß ich ihm nachlaufen würde.

Aprilregen klatschte seitwärts über die Betonquadrate vor den Hallen und hinterließ dunkle Sprühflecken auf Bertrams Uniform. Er zog den Kopf ein. Mir machte der Regen nichts aus. Meine Fliegerkombi ist wasserdicht, und die graue Lederjacke hält den Wind ab.

»Ich hätte Sie zum Beisitzer vorschlagen sollen«, sagte der lange Bertram ironisch. »Sie hätten kein Wort von der Untersuchung verpaßt und obendrein noch bequemer gesessen.«

»Auf der Feuerleiter kann ich meine Wut für mich allein behalten.«

»Der General führt die Verhandlung sehr korrekt«, sagte er.

Mit langen Schritten lief er durch den Regen. »Sind Sie heute schon geflogen?« fragte er dann.

»Nein.«

»Sie haben mitbekommen, worum es ging? Eben, am Telefon?«

»Bruchstückweise«, sagte ich. »Kurierpost für Israel.«

»Richtig.«

Mir fiel auf, wie jung er wirkte. Der gleiche Jahrgang wie Frank, aber irgendwie jünger, lustiger, energischer. Er hat eine Frau und drei Kinder.

Wir kletterten in einen Kübelwagen mit dem Stander des Kommodore Jagdgeschwader 91. Bertram nahm Kurs auf die Baracke der 1. Staffel. Schweigend wischte er mit der flachen Hand über die beschlagene Windschutzscheibe.

»Der Bundeskanzler ist mal wieder am Brahmsee«, sagte er unvermittelt. Ich nickte. Es hatte in der Zeitung gestanden. Der kleine See liegt nicht weit von unserem Fliegerhorst entfernt. Wer allein in seiner Jolle darauf herumsegelt, kann sicherlich besser als in Amtsstuben seine Gedanken ordnen. Das Wetter spielt dabei gar keine Rolle.

»Das Haus am See ist winzig. Ich bin mal drübergeflogen. Wie er da noch Mitarbeiter vom Kanzleramt unterbringt, ist mir ein Rätsel«, wunderte sich der Kommodore.

»Ist die Kurierpost vom Kanzleramt?« fragte ich.

»Erraten«, sagte er.

Vor Überquerung der Startbahn 27 mußten wir warten, bis zwei Hawker der Royal Air Force vorbeigelärmt waren und ihre Bremsfallschirme abgeworfen hatten. Sie wirbelten Regenwasser vom Beton auf und zogen es wie Glaswände hinter sich her. Auf der anderen Seite der Runway sprach Bertram weiter.

»Überrascht es Sie, daß die Luftwaffe damit anfängt, schwarze Aktentaschen nach Israel zu fliegen?«

»Ja«, sagte ich.

»Mich nicht«, sagte er. »Als der Ägypter damals in die Knesset ging, hätte das keiner für möglich gehalten. Logische Folge: wir bringen wichtige Neuigkeiten, die man abhörbaren Telefonen nicht anvertrauen will, nach Jerusalem.«

»Der Flug geht nach Jerusalem?« unterbrach ich ihn.

»Immerhin ist das der Regierungssitz«, sagte er.

Major Wuttig, Paulchen Winter und die anderen Piloten erwarteten uns voller Spannung im Bereitschaftsraum.

»Den Einsatz fliegt Hauptmann Wenthoff«, sagte der Kommodore zu Wuttig. »Ein Pilot hält das Aggregat warm. Take-off bei Eintreffen der Kurierpost.« Er schob mich in den Kartenraum und ließ die Tür hinter uns ins Schloß fallen.

»Überrascht?« fragte er.

»Glücklich.« Ich war es wirklich.

»Der Flug braucht eine Bezeichnung«, überlegte Oberst Bertram. »Was heißt Brieftaube auf englisch?«

»Carrier-pigeon.«

Der alte Flieger verzog das Gesicht. »Klingt unmöglich. Was ist das kürzeste Wort für Botenjunge?«

»Runner«, sagte ich.

Bertram schnippte mit den Fingern. »Ihr Flug trägt die Bezeichnung *Runner eins,* da anzunehmen ist, daß ab jetzt weitere folgen.«

Ich schrieb auf mein Kniebrett *German Air Force Runner One.* Der Kommodore gab mir seine Anweisungen: »Sie fliegen nach Sichtbedingungen, VFR. Das befreit Sie von zeitraubenden Auflagen. Wenn dicke Luft ist, steigen Sie auf Instrumentenflug um.«

Er zündete sich eine Zigarette an. »Sie rauchen nicht, oder?«

Ich schüttelte den Kopf. »Aufgegeben.«

»Sehr vernünftig«, sagte er und zog den Rauch tief in seine Lungen. »In Jerusalem machen Sie acht Stunden Pause.«

Ohne sich von seinem Hocker zu erheben, rief er zum Bereitschaftsraum hinüber: »Ich hoffe, es sitzt einer auf dem Bock und wärmt ihn an.«

»Der Staffelkapitän hat das selbst übernommen«, antwortete eine junge Stimme eifrig. Bertram kam zum Kartentisch herüber. »Ziemliches Schweigen unter den Jungs da nebenan.« Er lächelte. »Jeder fragt sich im stillen, warum ausgerechnet Wenthoff den Kurierflug bekommt.«

Ich zog eine gerade Bleistiftlinie von Cagliari zur Straße von Messina.

»Fragen Sie sich das nicht selbst?«

»Nein«, sagte ich.

»Sie halten sich ganz einfach für den besten Piloten des Geschwaders.«

»Keineswegs«, murmelte ich und steckte den Kurs nach Kreta ab.

Der lange Bertram rauchte schweigend. Plötzlich sagte er leise: »Das Mädchen von den tausend Seen . . . die Stewardeß aus Kanada . . .«

Ich sah mir dabei zu, wie ich den Bleistift langsam auf das Kartenblatt zurücklegte.

». . . lebt jetzt in Israel.«

Ungläubig sah ich zu ihm hoch.

»Air Canada und EL AL haben einige Stewardessen ausgetauscht. Motto: Erweiterung des Horizontes.«

Er knöpfte die Brusttasche seiner Uniformjacke auf und holte ein paar Zettel heraus. Meine Verwirrung schien ihm zu entgehen.

»Ich habe Ihnen doch erzählt, daß Frank die junge Dame einige Male zu uns nach Haus gebracht hat. Meine Frau hatte sie richtig ins Herz geschlossen. Eine Seltenheit bei ihr. Sie versteht sich sonst nicht gut mit anderen weiblichen Wesen. Kurzum, nachdem Frank abgestürzt war, ist meine gute, resolute Lori zum Stadtbüro der Kanadier nach Hamburg gefahren. Weiß der Kuckuck, wie viele Fernschreiben nach Toronto gingen.«

Endlich fand er unter den vielen Zetteln den einen, den er gesucht hatte.

»Jedenfalls bekam Lori schließlich alles heraus und hat einen Brief an diese Adresse geschrieben.«

Er reichte mir das Stück Papier. Ich las.

Mylene Malparte

Simtat Hatabor 35

Jerusalem

Der lange Bertram ging zum Waschbecken neben dem Fenster und beobachtete mich durch den Spiegel. Er ließ kaltes Wasser über das letzte Stück seiner Zigarette laufen und warf den Stummel in einen übervollen Papierkorb.

»Wissen Sie jetzt, warum ich Sie fliegen lasse und keinen anderen?«

Ich nickte.

»Dann erraten Sie wohl auch, warum ich Ihnen zwischen Landung und Rückflug acht Stunden Pause zugestehe?«

»Ja«, sagte ich, und es war mir gleichgültig, ob er mir etwas ansah oder nicht.

Auf dem Weg zur Tür schlug er mir auf die Schulter. »Sagen Sie ihr, sie könnte uns von großem Nutzen sein.«

»Bei der Kommission?«

»Ja.«

In der Tür drehte er sich noch einmal um. »Was gedenken Sie zu tun, wenn die junge Dame zufällig nach New York geflogen ist, während Sie hoffnungsfroh an ihre Tür klopfen? Bei Stewardessen soll so etwas vorkommen . . .«

Daran hatte ich noch nicht gedacht.

»In dem Fall würde ich ihr einen Brief hinterlassen«, sagte ich zögernd.

»Und was würde in dem Brief drin stehen?«

»Helfen Sie uns, den guten Ruf des Mannes zu bewahren, den wir alle so ... so ... geschätzt haben.«

»Etwas pathetisch«, sagte er lächelnd, »aber im Grunde trifft's den Kern der Sache.«

Er schloß die Tür und ließ mich endlich mit der Vorbereitung auf meinen Flug allein.

Als mich das Linetaxi zum Vorfeld brachte, fuhren Tankwagen, Löschauto, Kompressorfahrzeug und die anderen Gerätewagen bereits zur Halle zurück. Die Hunderte von Handgriffen, die in präzis festgelegter Reihenfolge dem Start eines so komplizierten Flugzeuges vorausgehen, waren ausgeführt worden.

Heinz Wuttig rollte meine Maschine bereits über die Taxiway zum Last Chance Check. Wenn sich dabei kein Defekt an Hydraulik, Pumpen, Elektronik, Instrumenten oder dem Fahrwerk herausstellt, müßte der Flug eigentlich reibungslos verlaufen. Müßte.

Wuttig überließ mir einen angewärmten Sitz in dem engen Cockpit und kletterte auf die Eisenleiter. Der Kübelwagen des Kommodore kam mit Höchstgeschwindigkeit auf uns zu. Licht aus voll aufgedrehten Scheinwerfern wischte über regennasse Hallentore wie über blind gewordene Spiegel. Noch bevor Bertram sein plumpes Fahrzeug zum Stehen bringen konnte, sprang ein drahtiger Mann mit grauen Haaren heraus. Mit einer Hand schützte er sein linkes Ohr vor dem schmerzenden Lärm der Düse, in der anderen hielt er die Kuriertasche, die an sein Handgelenk gekettet war. Der Oberst zeigte zu mir herauf. Der Grauhaarige schloß die Kette auf und kletterte neben Wuttig auf die Leiter. Seine Augen musterten mich ausdruckslos. Ich sah, daß er mir etwas mitzuteilen hatte und hielt ihm mein Ohr entgegen. »Tasche ... nur Hirmer geben . . . Gesandtschaftsrat Hirmer . . . von der deutschen Botschaft . . . vorher seinen Dienstausweis ansehen . . .« Ich nickte. Heinz Wuttig nahm dem Mann die Kuriertasche ab und verstaute sie hinter meinem Sitz. Mein ohnehin kleiner Leinenbeutel mit Rasierapparat und frischem Zeug wurde zur Winzigkeit zusammengepreßt. Starfighter sind für Reisende ohne Gepäck gebaut.

»Verstanden?« brüllte der Grauhaarige.

»Verstanden«, schrie ich zurück. Ich setzte mir den Helm auf und verbannte so den Mann vom Brahmsee aus meiner akustischen Welt. Ein Mechaniker zog den Sicherungsbolzen aus meinem Schleudersitz. Mit dieser Handbewegung war ich für den Flug freigegeben. Ich steckte den Schlauch meiner Maske in die Halterung, spürte das Oxygen kühl und rein zu mir kommen, schloß das Kanzeldach, hörte den Turm nach mir fragen und sagte ihm, daß ich bereit sei. Der Mechaniker stellte den Daumen hoch. Bertram und Wuttig legten grüßend ihre Hände an die Mützen. Ich drückte Gas auf die Turbine und rollte an. Kurz vor der Intersection sagte der Controller in meinen Kopfhörern, daß ich unverzüglich starten könne, alle Maschinen seien aus der unmittelbaren Nähe des Flugplatzes verbannt. Ich bog in die Startbahn ein und gab Vollgas. Die Gewalt des Schubes preßte mich in den Sitz. Das Flugzeug wurde schneller und schneller, wollte nach oben, wollte nicht auf der Erde bleiben, aber ich zwang ihm meinen Willen auf, hielt uns noch ein wenig am Boden, denn wir waren schwer betankt. Dann trennte ich uns beide von der Erde und schickte den Sekundenzeiger der Stoppuhr auf seine monotone Reise rund um das schwarze Zifferblatt. Es war 8 Uhr 37 *Zulu.*

4

Der Regen hatte sich vernieselt, aber der frühe Tag mochte sich noch nicht von seinem Grau trennen. Eine geschlossene Wolkendecke hing über dem norddeutschen Land, das flach ist und gerippelt wie ein grünes Waschbrett. Ich bin kein Freund von diesem Graugrün. Bei anderen Einsätzen bin ich sofort nach dem Start durch die Waschküche nach oben gestoßen und habe nie lange auf das Blau warten müssen, das Marcello azzurro nennt.

An jenem Tag blieb ich unten zwischen Regenwolken und Flachland. Ich machte einen Bogen um Hamburg, um die guten Bürger mit meinem Lärm nicht zu belästigen, und hing mich an die Autobahn nach Süden. Ein dunkler Fleck tauchte auf: Hannover. Viel Stadt ist das nicht bei der Geschwindigkeit. Ich ließ meine Augen über die Instrumente wandern, und als ich wieder aufsah, war Hannover bereits weit in der Vergangenheit dieses einen Tages zurückgeblieben. Das hatte man mir schon lange nicht mehr gestattet: Tiefstflug über Brücken, Wälder, Stahlwerke, Ziegeleien. Tief am Boden wird Geschwindigkeit zum Rausch.

Zwischen Kassel und Frankfurt setzte Schneeregen ein.

Autos und Lastwagen krochen mit aufgeblendeten Scheinwerfern die Steigungen hinauf. Auf der anderen Seite, auf dem Weg ins Tal hinab, brachte Schneematsch Menschen in Gefahr, und Scheibenwischer schrammten quietschend über kaltes Glas. Ich hatte diese Sorgen nicht. Mir ging es gut. Niemand war in meinem Weg. Verkehrsmaschinen flogen nicht so tief, und Sportflieger blieben bei diesem Wetter zu Hause. Alle Radargeräte des Landes verfolgten meine Bahn. Fluglotsen hielten mir die Strecke frei. Ich war nicht irgendwer, war wichtig. Ich war der reitende Bote meines Königs. Mein Name: *Runner One*.

Über dem Schwarzwald türmten sich vier Achtel Kumuli, und Sonnenstrahlen deuteten mit dürren, hellen Fingern auf Hügel voller Wein. Ich drehte nach Frankreich ab und stieg auf 5000 Meter. Wäre ich nur wenige Minuten weiter geradeausgeflogen, hätte ich meinen Vater besuchen können. Er wäre glücklich gewesen. Abends, am Stammtisch, hätte er den Schoppen Weißherbst gegen die Lampe halten und zu Zahnarzt und Apotheker sagen können: »Der Düsenjäger heute morgen, jener, der so tief übers Dorf flog – es war mein Sohn.«

Seit über fünf Jahren wartet er auf den Tag, der nie kommen wird. Immer wieder fragt er danach, und immer wieder sage ich ihm, daß sein Haus in unmittelbarer Nähe der Schweiz liegt und wir Verbot haben, in das Grenzgebiet einzufliegen. Die Eidgenossen bewachen eifersüchtig ihre Neutralität. Sie ziehen bereits die Stirn in Falten, wenn auch nur der Schatten eines unserer Flugzeuge über ihre Wiesen hüpft.

Wie lange war es her, seit ich ihn zuletzt gesehen habe? Lange, fürchte ich. »Wenn er das nächstemal kommt, wird er's tun«, hatte er damals zu seiner jetzigen Frau gesagt und mich dabei listig über den Rand seiner Lesebrille angesehen. »Er wird da unten über den See fliegen und mit den Flügeln wakkeln, damit wir auch sehen, daß er es ist. Verbot hin – Verbot her – ich bin auch beim Barras gewesen –, wir haben alle mal über den Zappen gehauen.«

Die zweite Frau Wenthoff steht gern am Fenster und sieht auf die Apfelbäume hinaus, die sie mit in die Ehe gebracht hat. Die wenigen Male, die ich zu Besuch dort war, hat sie am Fenster gestanden und angestrengt nach draußen gesehen. Vielleicht hat sie die Apfelbäume zählen wollen, die wie kilometerlange Reihen friderizianischer Truppen über Hügel ziehen. Erst wenn ich meinem Vater zum Abschied die Hand hinstreckte, die er stets mit feuchten Augen nahm, wachte sie aus ihren Ängsten auf: der Eindringling geht. Der Störenfried nimmt den Vater nicht mit, raubt ihr nicht den Mann, der aus einer leichtlebigen Welt zu ihr gekommen ist, um Wohlstand mit ihr zu teilen. Ob sie wohl je das Bild meiner Mutter gesehen hat, die so schön gewesen ist, die aber Vaters Sehnsucht nach der blauen Ferne niemals hatte zähmen können? Glaubte die zweite Frau Wenthoff ihrem Mann, wenn er der Verhärmten sagte, sie sähe wie das blühende Leben aus? Sie sollte sich keine Sorgen machen. Vater ist alt geworden, müde. Er ist zufrieden in der Nähe dieser unscheinbaren, reichen Frau, der er die Bücher führt. Wo noch vor kurzem eine Flamme war, qualmt heute nur noch dünner Rauch.

Über den Schneefeldern von Hochsavoyen erwartete mich ein französischer Abfangjäger und legte sich an meine rechte Fläche. Der Pilot winkte mir zu. Ich versuchte, mit ihm zu sprechen. Er schüttelte den Kopf. Unsere Frequenzen stimmten nicht überein. Die Mirage forderte mich zum Wettkampf heraus. Ich lehnte ab. Der Franzose hatte keine Zusatztanks, war nackt. An mir hingegen hing alles, was Sprit faßt. Gleiche Wettkampfbedingungen für alle, Freund! Frag mich noch mal, wenn ich nächstesmal hier vorbeikomme und gerade nichts Wichtiges vorhabe . . .

Wir flogen gemeinsam über verlassene Dörfer und verqualmte Industriegebiete. Über dem Cap d'Antibe drehte die Mirage ab und ließ mich mit dem dunkelblauen Mittelmeer allein. Die Sonne stand noch flach im Osten, aber sie blendete schon so stark, daß ich das dunkle Visier aus dem Helm vor mein Gesicht fahren mußte.

Der gewundene Strand war ohne Menschen. Zu früh am Tag. Wer hier lebt, darf lange schlafen. Der Sommer läuft ihm nicht davon.

Ölflecken überall. Ab und an ein Musikdampfer. Ich näherte mich ihm so schnell, daß er weg war, bevor er sich in mein Leben schob. Weißer Fliegendreck, von Riesenhand hinter mich und über den Rand der Welt gewischt.

Der Sekundenzeiger auf der Uhr am Armaturenbrett flog mit mir um die Wette.

Links kam Korsika auf. Ein imposanter Klotz im Meer. Felsige Buchten und helle Strände mit Hotels und Häfen voller Segelboote. Ich hatte keine Zeit zum Schauen, jagte tief an den Felsen der letzten französischen Insel entlang und sah Sardinien aus dem Meer aufsteigen.

»German Air Force *Runner One* an Deci Tower«, sagte ich, und der Turm antwortete: »Wir haben Sie erkannt, *Runner One*. Kommen Sie auf dem kürzesten Weg rein. Landebahn 17. Alle anderen Flugzeuge sind auf Warteposition. Blitzbetankung vorbereitet. Was brauchen Sie außer Sprit?«

»Nichts«, antwortete ich.

Der Diensthabende auf dem Turm des NATO-Flugplatzes in der Nähe von Cagliari war unverkennbar Engländer. Seine Sprache klang nach den holzgetäfelten, heiligen Hallen Oxfords. Diese Limeys mögen es, wenn nicht alles nach Vorschrift abläuft. Ich drückte deshalb noch einmal auf die Sprechtaste.

»Ich wäre allerdings froh, wenn ihr 'n paar Eiswürfel für mich erübrigen könntet ...«

Es dauerte eine Weile, bis er sich wieder meldete. »Wiederholen Sie Ihren Wunsch, *Runner One.*«

»Eiswürfel.«

Der Mann schien perplex. »Wofür das?« fragte er zweifelnd.

»Mein Scotch ist mir zu warm geworden ...«

Das Lachen des Fluglotsen knallte mir von den Kopfhörern überlaut aufs Trommelfell.

Ich ließ Meer und Küste hinter mir und flog durch ein dunstiges Blau über Hügel mit Olivenbäumen. Irgendwo da vorn mußte der Platz sein ... Ich nahm Kraft zurück und fuhr Klappen und Fahrwerk aus. Trotz der blendend hellen Sonne flammte vor mir die ganze Platzbeleuchtung auf. Weiße Perlenschnüre am Rande der Piste. Kugelfeuer huschten über Eisenstreben auf die Mitte der Landebahn zu.

»Was soll der Christbaumschmuck?« fragte ich den Turm.

»Willkommensgruß nach Art des Hauses«, antwortete der Engländer.

Ich setzte quietschend auf und schickte den Bremsfallschirm nach draußen.

»Die erste Intersection ist für Sie freigemacht, *Runner One*«, sagte der Turm. Noch im Rollen klappte ich das Kanzeldach auf und bildete mir ein, das Meer zu riechen.

Ich war kaum zum Stehen gekommen, da stürzten sich schon Techniker auf mein Flugzeug, wie gierige Termiten auf einen ermatteten Vogel.

Ein altgedienter britischer Sergeant mit Seehundsbart entstieg dem Kompressorwagen und brachte eine Plastiktüte voller Eiswürfel. Seine Augen bemühten sich, ein Lachen zu verbergen.

»Hier ist das Gewünschte, Sir! Captain Wintle läßt bestellen, Sie sollten sich bedienen. Wo dies herkäme, gäb's noch einen ganzen Kübel von dem Zeugs, Sir!«

Ich mußte lachen. Der Mann vom Turm hatte mich geschlagen. Der Sergeant sah mir gespannt zu, als ich die Tüte öffnete.

»Darf ich mir die ganz persönliche Frage erlauben, was Sie mit dem Eis zu tun gedenken, Sir?«

Ich rieb einen Eiswürfel über mein verschwitztes Gesicht.

»Gegen Ermüdungserscheinungen«, sagte ich. »Leichtes, kreisförmiges Reiben des Eiswürfels über pochende Schläfen hilft dem Opa wieder auf das Fahrrad.«

»Verstehe, Sir«, sagte der Schnauzbärtige, grüßte militärisch und ging.

In den Kopfhörern meines Helms, den ich der Hitze wegen abgenommen hatte, rief eine Stimme nach *Runner One.* Seufzend setzte ich den Helm wieder auf meine klatschnassen Haare.

»Runner One, ich höre.«

»Turm an *Runner One.«*

Es war wieder der Engländer. »Wir haben ein Telex Ihres Geschwaders erhalten. Inhalt: Bei Einfliegen in das Hoheitsgebiet Ihres Ziellandes erhalten Sie Eskorte.«

Ich steckte mir einen Eiswürfel in den Ausschnitt meines T-Shirts unter der Kombi und schaute mich um. Die Mechaniker vollbrachten Wunder. Schneller kann an keiner Box bei keinem Autorennen gearbeitet werden. Der Sekundenzeiger tickte. Der Tankwagen fuhr davon. Der Kompressorschlauch wurde aufgerollt. Bremsklötze wurden weggezogen.

»Es kann losgehen«, sagte ich zum Turm.

»Start frei für *Runner One«,* sagte der Engländer und schickte alle anderen Flugzeuge auf Warteposition.

Es machte mir Spaß, tief über das Wasser dahinzujagen. Auf der Uhr lag Deutschland noch nicht so lange hinter mir, aber in meiner Erinnerung schien es viel weiter zurück, aufgelöst in graue Wolken über schmutzigem Schnee. Der Oxford-Mann auf Sardinien ordnete sich der Vergangenheit zu, und das italienische Festland hatte ich in Minuten überquert.

Kurz vor Kreta ragte ein rötlicher Felsen aus dem Meer. An einem Bootssteg lag ein Ruderboot vertäut. Enge Steinstufen führten zu einem weißen Haus hinauf. Ein Mönch in schwarzer Kutte stand zwischen Ziegen. Er hielt das Seil zum Glokkenturm in beiden Händen. Ich stellte mir vor, wie er zu seinem Gott sagte: »Beschwerlich ist der Weg zum Glockenturm, o Herr! Da Du unser Herrgott bist, der alles sieht und alles weiß, wirst Du auch wissen, daß ich Rheuma habe und große Schmerzen leide, wenn ich für Dich die Glocke läute. Wie wär's, wenn Du mir Hilfe schicktest? Es muß ja nicht ein Engel sein . . .«

Ich flog so tief über den Turm hinweg, daß die Ziegen auseinanderstoben und der Mönch verschreckt die Arme über seinem Kopf zusammenschlug. Der Rückstoß meiner Düse hat den Turm nicht in Schutt und Asche sinken lassen, aber die Glocke muß wie wild hin und her geschwungen sein und Sturm geläutet haben. Sekunden später war auch dieses Eiland für mich in die Vergangenheit gerückt, doch der gute Pater kniete sicher noch im Staub. Der laute Knall der durchbrochenen Schallmauer war wie Gottes Grollen über das Kloster gekommen. Gott aber zürnte nicht: das Glöckchen bimmelte eifrig Ihm zu Ehren, und das Seil zum Turm sprang fröhlich auf und ab.

Vor der nordafrikanischen Küste lag eine Flotteneinheit. Sie dampfte nach Nordwest. Waren das Sowjets? Oder Amerikaner? Ich durfte meine Neugier nicht befriedigen; die Schiffe lagen zu weit ab von meinem Kurs. Es war keine Zeit zu verlieren. Außerdem: wie, wenn es Russen waren? Plötzlich rauscht ein Starfighter mit deutschen Balkenkreuzen in Höhe der Mastspitzen an einem sowjetischen Schlachtschiff vorbei. Anfrage des russischen Botschafters in Bonn: Was macht ein Bundesdeutscher vor der nordafrikanischen Küste? Antwort des deutschen Außenministers: Einen Brief abgeben und ein Mädchen besuchen.

Ich blieb der Flotte fern.

Die Israelis hatten mich schon geortet, bevor ich ihre Küste auf meinem Radarschirm erkennen konnte. Sie schickten mir zwei Abfangjäger entgegen, beides Phantoms. Meine Frequenz war ihnen bekannt.

»Shalom«, sagte der eine Pilot und legte sich an meine linke Fläche. »Wir bringen Sie ans Ziel.« Sein Englisch hatte eine orientalische Färbung. Die zweite Phantom übernahm die Führung. Rücksichtsvollerweise flog sie ein Stück unter mir. Der Backwash seiner zwei Turbinen hätte es mir sonst schwer gemacht, mein Flugzeug in der Luft zu halten.

An der Küste war das Land grün. Danach begann sofort die Wüste.

Kurz vor der Landung kramte ich ein Päckchen Kaugummi aus der Tasche. Es fiel mir aus den behandschuhten Fingern und verklemmte sich unter dem rechten Pedal des Seitenruders.

Mein Durst war groß. Ich brauchte das Kaugummi. Also legte ich *Runner One* auf den Rücken. Der Israeli neben mir wich seitlich aus.

»Was machen Sie?« wollte er wissen.

»Yoga«, sagte ich. Dem Gesetz der Schwerkraft folgend, kam das Kaugummi zu mir zurück. Auf einem schnurgeraden Weg rutschte es mir über die Kombi entgegen. Ich ging in Normalfluglage über.

»Geht's wieder?« fragte der Phantom-Pilot.

»Es geht wieder«, sagte ich und nahm mir ein paar Sekunden Zeit, die Wüste unter mir zu betrachten. Weit auseinandergezogene gelbgraue Wolken erlaubten dem einen oder anderen Sonnenstrahl den Durchbruch nach unten zu einem sandigen Boden. Wenn das Lichterbündel zufällig auf eine Lehmhütte traf oder ein Wasserloch neben Palmen aufleuchten ließ, schien der gichtige Finger eines unsichtbaren Gottes einen Hinweis zu geben.

Drei dunkle Asphaltbänder wanden sich einer alten Stadt entgegen. Jerusalem.

Meine beiden Begleiter ließen mir keine Zeit zu einem längeren Blick auf die Kuppeln und Türme.

»Sie landen als zweiter«, sagte der eine und flog einen gut getarnten Militärflughafen an.

»Ich bleibe hinter Ihnen«, sagte der Pilot in der anderen Phantom und ließ mich nicht aus den Augen. *Runner One*, der Königsbote aus dem Norden, hielt seinen Einzug in die Stadt hinter der Wüste. Zwei Ritter in dunklen Rüstungen gaben ihm das Geleit.

5

Ich schaltete das Triebwerk ab und sah, daß ich umstellt wurde.

An Backbord war ein Schützenpanzer aufgefahren, und von Steuerbord rollte ein Jeep auf mich zu. Die Männer darin trugen Tarnanzüge. Ihre jungen Gesichter unter amerikanischen Stahlhelmen waren ernst. Auf dem Tarmac vor mir landete ein olivfarbener Hubschrauber. Staubwolken und alte Zeitungen wirbelten durch die Luft. Ein zweiter Jeep raste heran und kam neben meiner Kanzel zu stehen. Der Offizier am Steuer stieg auf den Sitz, deutete auf seine Armbanduhr und wies mit ausgestrecktem Arm auf eine schwarze Limousine, die im Hintergrund parkte. Der Stander am Kotflügel leuchtete schwarzrotgold.

Ich öffnete das Kanzeldach. Eine Wand aus heißer Luft stürzte über mir zusammen und fiel in mein Cockpit.

»Shalom«, sagte der Offizier im Jeep. Auf seiner Nase pellte sich die sonnenverbrannte Haut, und in den Augenwinkeln hatte er Falten, die vom Lachen kommen. Sein rötliches Haar wurde bereits grau an den Schläfen.

»Shalom«, sagte ich und besah mir die Soldaten rings um

mein Flugzeug. »So viele Ehrenjungfrauen machen mich verlegen.«

»Amazonen, die Ihren Vogel bewachen, während Sie sich die Beine vertreten«, sagte der Israeli. »Oder wollen Sie bis heute abend in Ihrem Cockpit sitzen bleiben?«

Ich warf ihm meinen abgewetzten Leinenbeutel zu, den er geschickt auffing.

»Handball?« fragte ich.

Er nickte. »Sie auch?«

»Fußball«, sagte ich und ließ mich, die Kuriertasche vor der Brust, an der Bordwand entlang in den Jeep rutschen. Der Fahrtwind auf dem Weg zur Botschaftslimousine war eine willkommene Morgengabe. Hastige Hände wollten mir die Tasche entreißen. Ich schüttelte den Kopf und genoß den einmaligen Moment in meinem Leben, wo ich zu einem Mitbürger sagen konnte: »Ausweis bitte.«

Das pausbackige Gesicht war mit dem Konterfei auf dem Diplomaten-Ausweis identisch.

»Danke, Herr Hirmer«, sagte ich und gab dem Landsmann die Tasche vom Brahmsee. Er nickte mir flüchtig lächelnd zu, stieg behende in sein Auto und ließ sich eilig davonfahren.

Die Luft stand flimmernd über dem Platz in der Wüste. Unter Tarnnetzen parkten ein paar *Mirages*. Die rostenden Teile eines zerfetzten Panzers waren schon fast vom Sand verweht. Hinter den steinigen Hügeln im Norden lag Jerusalem. Ich stellte mir vor, wie Mylene die Tür öffnete, und mein Herz machte einen schnellen Sprung. Dann überlegte ich, was ich tun würde, falls die Tür verschlossen blieb.

Der Israeli unterbrach das Durcheinander meiner Gefühle.

»Was brauchen Sie außer Benzin?«

»Nichts«, sagte ich.

»Keinerlei Defekt?« fragte er verwundert.

»Ein Tacan spinnt ein wenig und die *needle* ist ausgefallen, aber es geht auch ohne«, sagte ich.

»Ich hätte Ihnen sowieso nicht helfen können«, meinte der Israeli, »für Ihren Maschinentyp gibt's hier keine Ersatzteile.«

Meine Gedanken wanderten zu Mylene zurück. Ich fühlte eine fremdartige Unruhe in mir.

Der weibliche Soldat in der Baracke tippte meinen Flugplan mit zwei Fingern auf einer nagelneuen *Smith-Corona*. Sie starrte mich unverblümt an und sagte etwas in hebräischer Sprache zu dem einzigen anderen Mann im Raum. Ich konnte nur das Wort ›*Flyingsuit*‹ verstehen.

»Meine Sekretärin bestaunt die ungewöhnliche Farbe Ihrer Fliegerkombination«, sagte der israelische Offizier grinsend, »aber ich wette, sie bewundert noch mehr das Blau Ihrer Augen.«

Die Soldatin nickte und kicherte. Israelische Mädchen, die man im Kino sieht, sind hübscher.

Draußen startete eine *Mirage*. Durch die Barackenwände lief ein Beben. Ich sah auf meine Uhr.

»Können Sie mir ein Taxi besorgen?«

Der Offizier sah von seinen Formularen hoch. »Ein Taxi? Hier in der Wüste?«

Ich nahm meinen Leinenbeutel vom Schreibtisch. »Oder kennen Sie einen kurzen Fußweg nach Jerusalem?«

»Der Botschaftswagen ist nach Jerusalem gefahren«, meinte der Mann. »Er hätte Sie mitnehmen können.«

»Er hat mich nicht mitgenommen«, sagte ich.

Der Israeli ging zum Fenster, das schon lange keine Glasscheiben mehr gekannt hatte. Draußen fuhr ein junger Soldat auf einer Vespa vorbei. Der Offizier steckte zwei Finger in den Mund und stieß einen gellenden Pfiff aus. Der Vespafahrer änderte den Kurs um 180 Grad und hielt vor dem Barakkenfenster.

»Eine alte Angewohnheit von mir, Zeev«, sagte der Offizier, »ich bringe es einfach nicht übers Herz, dich allein fahren zu lassen . . .«

Der Soldat ergab sich in sein Schicksal.

»Danke«, sagte ich und wollte aus dem Fenster klettern. Der Israeli musterte mich von Kopf bis Fuß. »Haben Sie die Absicht, ganz Jerusalem mit Ihrem Orange zu betören?«

Kopfschüttelnd sah ich mich nach einem Umkleideraum um. Es gab keinen. Ich riß den Reißverschluß auf und stieg aus der Kombi. Die Soldatin lehnte sich zurück und sah aufmerksam zu.

»Schreib unserem germanischen Adonis einen Passierschein aus«, sagte der Offizier zu ihr.

Zeev und ich schwiegen auf der Fahrt durch die Wüste. In sandiger Endlosigkeit verbarg sich nicht viel Schönheit. Himmel und Erde waren ohne Leben. Nur einmal sah ich einen kleinen dunkelhäutigen Jungen mit drei ermatteten Eseln. Kurz vor der Stadt veränderte sich das Land. Zederngruppen bemühten sich, wie Wälder auszusehen, und Olivenbäume malten auf öden Hügeln biblische Impressionen.

Die letzte Steigung fiel der Vespa schwer. Zeev drehte sich entschuldigend zu mir um.

»Die Knatterkarre ist nicht mehr die Jüngste . . .«

Ich sah ihn überrascht an.

»Sie wundern sich«, sagte er.

»Ja«, sagte ich.

»Sie haben geglaubt, ich könnte nur hebräisch sprechen.«

»Ich habe geglaubt, Sie könnten überhaupt nicht sprechen.«

Er lachte. Von seinem Gesicht waren nur Lippen und Nase zu sehen. Über alles andere wuchs schwarzes Haar und schwarzer Bart, und die Sonnenbrille verbarg seine Augen.

Ein chromglänzender Autobus überholte uns ohne Mühe. Hinter getönten Scheiben sahen ältere Leute neugierig auf uns herab. Um die Hüte der Damen rankten sich bunte Blumen.

»Amerikaner«, sagte Zeev, »Reise durchs Gelobte Land im Superbus mit Klimaanlage und Wasserklosett.«

Die Vespa quälte sich lärmend bergauf. Zeev verfiel in Schweigen. Hitze stülpte sich wie eine Glocke über das verbrannte Land. Der Wind hielt Mittagsschlaf. Am höchsten Punkt der Straße stand eine Hütte. Ein abgemagerter Hund schob sich durch die Plastikstreifen eines Fliegenvorhangs, steckte die Schnauze steil in die gleißende Helle und ließ sich träge im Schatten der Hauswand nieder. Hinter der Hütte fiel das Land steil ab und gab den Blick in ein breites Tal frei. Zeev deutete schweigend nach vorn. Aus dem Einerlei der Wüste stieg die Stadt. Die Gemäuer schienen eins mit dem Graugelb der Erde, aber die Dächer der Häuser, Kirchen und Moscheen leuchteten in allen Farben.

»Ich habe es nicht glauben wollen«, sagte Zeev.

»Was?« fragte ich.

»Als ich Sie landen sah. Ich dachte immer, ich würde eher in der Hölle erfrieren, als *den* Tag zu erleben . . .«

»Welchen Tag?« Ich verstand nicht, wovon er sprach.

»Der Tag, an dem ein deutscher Düsenjäger bei uns landet. Mit diesen schwarzen Kreuzen am Rumpf.«

Ich wußte nichts zu sagen.

»Sie haben sicher auch Fotos aus dem Zweiten Weltkrieg gesehen?« fragte Zeev.

»Nicht nur Fotos«, sagte ich. »Auch Filme.«

»An allen Nazi-Flugzeugen waren schwarze Kreuze«,

meinte er. »Und im Ersten Weltkrieg auch schon. An Tanks und Flugzeugen. Immer wieder diese schwarzen Kreuze.«

»Ja«, sagte ich. »Seit 1813.«

»Seit wann?«

»1813.«

Zeev dachte nach. »Was war 1813?«

»Die Befreiungskriege«, sagte ich.

»Wer hat wen von was befreit?« lachte Zeev ungläubig.

»Die Deutschen ihr Land von Napoleon«, sagte ich, »und das schwarze Kreuz war ihr Erkennungszeichen.«

»Das habe ich nicht gewußt«, sagte Zeev.

»Ich auch nicht, bis vor ein paar Wochen«, gab ich zu.

Zeev schwieg.

»Ich hab's in der Zeitung gelesen«, sagte ich.

»In welcher?« fragte Zeev. »Im *Stürmer*?«

»In *Newsweek*«, sagte ich.

Zeevs Lachen klang verlegen. Er drehte sich zu mir um und sah die Kurve nicht. Die Vespa sprang in einen trockenen Graben, schlidderte durch spröden Sand und prallte auf eine Mauer aus behauenem Stein. Ich landete auf allen vieren. Knie und Handflächen brannten wie Feuer. Zeev zog sich an der Mauer hoch. Er blutete an der Stirn.

»Unwichtig«, sagte er. Das Taschentuch, das er auf die Wunde preßte, war nicht mehr ganz sauber.

»Hauptsache, die Knatterkarre geht noch . . .«

Sie ging noch.

Steile Serpentinen führten ins Tal hinunter. Zeev legte uns steil in alle Kurven.

»Der Fahrtwind kühlt den Motor«, schrie er. Ich wagte nicht zu protestieren. Mit einer Hand hielt ich meine Tasche fest, mit der anderen klammerte ich mich an den Fahrer. Die nächste Kreuzung war verstopft. Der biblisch alte Weg zur Stadt quoll über.

Zeev war nicht mehr zu bremsen. Wir schrammten an Lastwagen entlang, die in hölzernen Käfigen verschreckte Gänse brachten. Wir wichen Kamelen aus und zwängten uns durch wenig Raum, vorbei an Panzerwagen, Trageseln, vermummten Araberinnen, Taxis mit verhängten Fenstern und Militärjeeps voller Mädchen in sehr kurzen Röcken. Es roch nach Holzkohlenfeuer, Leder, Urin, Benzin und Weihrauch. Die regennasse Startbahn an der Nordseeküste lag zweitausend Jahre hinter mir.

»Wo wollen Sie überhaupt hin?« rief mir Zeev zu.

Die alte Stadtmauer, die auf Plakaten und Reiseprospekten abgebildet ist, tauchte auf. Eine Verkehrsampel schaltete auf Rot.

Es gelang mir, mein Notizbuch aus meiner Leinentasche zu kramen und Mylenes Adresse zu finden, bevor die Ampel wieder Grün wurde.

»Simtat Hatabor«, sagte ich. »Wissen Sie, wo das ist?«

Zeev nickte. »In der Straße habe ich meine Unschuld verloren. Welche Nummer?«

»Fünfunddreißig.«

»Festhalten«, sagte Zeev.

Ich klammerte mich an ihn. Die Vespa machte einen Satz nach vorn. Wäre dies ein Rennen, wir hätten es nicht verloren.

»Mann! Lassen Sie mir Luft!« stöhnte Zeev. Ich lockerte ein wenig den Griff. Schweiß lief mir über die Stirn geradewegs in die Augen.

Zeev schien amüsiert. »Haben Sie etwa Angst?«

»Ja«, sagte ich.

»Witzbold.« Er lachte.

Die Simtat Hatabor war eng und verwinkelt. Ihre Häuser hatten den Farbton der Wüste. Abweisende Mauern verwehrten dem Fremden jedweden Einblick. Anders als im Getriebe der Stadt ließ sich hier niemand sehen; weder Auto noch Mensch, weder Hund noch Katze. Es gab keine Bäume, und die hölzernen Tore in den Mauern schienen auf ewig verschlossen.

Schließlich kam der gefährlichste Teil jener Reise zu einem guten Ende. Der Schwarzbärtige deutete auf ein Keramikschild mit fremdartigen Zeichen. »Das ist arabisch und heißt 35.«

Ich streckte die Beine vom Rücksitz und suchte vergeblich nach Namenschild und Klingel.

»Soll ich Sie nachher wieder abholen?« bot Zeev an.

»Nicht nötig«, sagte ich eilig.

»Wann starten Sie wieder?«

»Wollen Sie mich loswerden?«

»Von mir aus können Sie ewig bleiben«, sagte er, »aber irgendwann muß Sie doch einer zu Ihrer Maschine bringen.«

Ich klopfte an die Tür.

»Klopfen nützt nichts«, sagte Zeev. »Es kann Sie doch keiner hören. Selbst wenn die Puppe zu Hause sein sollte.«

Ich hatte endgültig genug von ihm. »Die Fahrt war unvergeßlich, mein Lieber. Ich werde Sie weiterempfehlen.«

An der schweren Holztür war ein dicker, runder Knopf. Er ließ sich nicht drehen. Ich zog daran. Die Tür schien verriegelt.

»In Israel gehen alle Türen nach innen auf«, sagte Zeev.

Ich lehnte mich gegen das Holz und war froh, als es nachgab. Das Halblicht der anderen Seite tat meinen brennenden Augen wohl. Ich drängte den bärtigen Vespafahrer aus dem Kreis meiner Gedanken und ließ das Tor hinter mir zufallen.

Zögernd ging ich tiefer in einen schattigen Innenhof hinein. Die Mauern des Hauses aus wüstenfarbenem Sandstein waren fensterlos. Rotblühende Bougainvillea rankte sich um eine schmale, halbgeöffnete Tür. Von Wand zu Wand zog sich eine dichte Decke aus wildem Wein. Vereinzelte Sonnenstrahlen zwängten sich durch das großblätterige Weinlaub und sprenkelten den Steinboden mit Flecken aus Licht.

»Hallo . . . Ist jemand zu Hause?«

Keine Antwort. Auf einem angerosteten eisernen Stuhl stand eine halbleere Kaffeetasse. In dem Klappstuhl daneben mußte noch kurz zuvor jemand gelegen haben. Ein aufgeschlagenes Taschenbuch. *Chrome Yellow* von Aldous Huxley.

»Hallo!« Pause. »Wohnt hier Mylene Malparte?«

Aus dem Dunkel hinter einer halboffenen Tür antwortete eine weibliche Stimme in Hebräisch.

»Ich spreche Ihre Sprache nicht«, rief ich zurück.

Eine junge Frau kam aus dem Haus. »Warum nicht?« Sie musterte mich freundlich.

»In meiner Schule gab's Hebräisch nicht mal als Wahlfach.«

Sie lachte. Ihr rotes Haar vertrug sich nicht mit dem Orange der Uniform, die sie trug.

»Sie sind Stewardeß?«

»Erraten.« Sie kam näher.

»Bei der EL AL?«

Sie sah mich fragend an.

»Dann kennen Sie auch Mylene Malparte?«

»Allerdings«, sagte sie.

»Ist sie zu Hause?«

»Das hängt ganz davon ab, wer Sie sind . . .«

»Wenthoff«, sagte ich. »Alexander Wenthoff.«

»Besuch für dich«, rief die Stewardeß über ihre Schulter zum Haus hin, ohne ihre Augen von mir zu nehmen. »Dunkle Haare. Blaue Augen. Mittelgroß. Circa achtundzwanzig. Vorname Alexander. Nachname klingt deutsch. Bist du zu Hause?«

Mylene antwortete nicht sofort. Nach einer Pause, so lang wie meine Erinnerung, hörte ich endlich ein Wort von ihr. »Wer?«

»Alexander«, rief ich, so schnell ich konnte, zum Haus hin.

Schritte kamen heran. Zögernd trat sie in die Tür. Nasses Haar hing ihr in langen Strähnen ins Gesicht. Sie strich es nach hinten. Wassertropfen fielen auf den hellen Bademantel. Sie sah mich ungläubig an. Mein Herz begann wie wild zu schlagen. Ich hatte sie wiedergefunden.

Ich vergleiche Wirklichkeit und Traum.

Im Flugzeug, auf dem Weg hierher, träumte ich das Wiedersehen so: Ich stehe vor Dir, und Du willst es noch nicht glauben; dann machst Du ein paar Schritte auf mich zu. Dein Gesicht ist das der Frau von damals, nur die Umarmung hast Du früher nicht gewollt. Auch diesmal gelten mir nicht Deine Tränen – doch das ist gut so, denn der Freund, den Du verloren hast, fehlt mir ja auch.

In Wirklichkeit war unser Wiedersehen dann ganz anders. Als Kind habe ich es ebenso erlebt: Ich konnte Heiligabend kaum erwarten, und als der Nachbar mit dem Bart von Ruprecht kam, lag ich im Bett und hatte Fieber.

6

»Alexander . . .«, sagte sie nach einer ganzen langen Weile.

Ich nickte. Mehr fiel mir nicht ein.

»Zwei Menschen hätte ich am allerwenigsten in diesem Land erwartet.«

»Wer ist der andere?« fragte ich.

»Gramps«, sagte Mylene. »Sie kennen ihn noch nicht.«

»Nein«, sagte ich und wußte nicht mehr weiter.

»Seit wann sind Sie in Israel?«

»Seit jetzt«, sagte ich und sah, daß ihr meine Antwort nicht gefiel. Deshalb fügte ich schnell hinzu: »Ich bin vor etwas mehr als einer Stunde nicht weit von hier gelandet.«

»Nicht weit von hier?« Sie musterte mich fragend.

»Mit einem Maschinentyp, wie ich ihn normalerweise fliege.«

Mylene war überrascht. Sie warf einen flüchtigen Blick zu der EL-AL-Stewardeß hin. »Das hätte ich nicht für möglich gehalten.«

»Ich auch nicht«, sagte ich, »jedenfalls nicht bis heute morgen.«

»Und warum . . .?«

»Ich mußte hier etwas abgeben. Vor Ihnen steht ein fliegender Postbote.«

Sie lächelte. Aber nicht mit den Augen.

»Fragen Sie mich bloß nicht, was ich abgeben mußte! Seit Guillaume sind wir Germanen etwas empfindlich.«

Ein leichter Windstoß schüttelte die Blätter in dem Dach aus wildem Wein. Lichterflecken tanzten über ihr Gesicht und versteckten sich in ihrem nassen Haar.

»Überrascht?« fragte ich.

»Sehr«, sagte sie.

Ich nickte. »In Gedanken habe ich Ihnen so viele Briefe geschrieben, daß ich denke, Sie wissen schon alles. Und wenn ich allein war, habe ich im Geiste mit Ihnen gesprochen.«

Die Rothaarige, die ich ganz vergessen hatte, stieß einen leisen Pfiff aus. »Nicht schlecht«, sagte sie. »Der Eröffnungszug ist neu.«

Mylene war irritiert. »Du wirst deinen Flug verpassen, Etty«, sagte sie.

Die Stewardeß hielt ihr Hut, Tasche und Handschuhe entgegen.

»Bin schon auf dem Weg.« Sie schickte mir ein Lächeln. »Ich bin ganz verrückt auf Briefträger. Heb ihn für mich auf, Mylene.«

Das Holztor fiel ins Schloß. Mylene machte zwei Schritte in den leeren Hof hinein. Sie deutete auf den Klappstuhl. »Wollen Sie sich nicht setzen?«

Ich schüttelte den Kopf. »Hab' lange genug gesessen. Erst in der Kiste, dann auf einer wildgewordenen Vespa.«

Es fiel mir schwer, etwas anderes als Mylene zu betrachten. Sie nahm den Bademantel enger um die Schultern, als wäre ihr kalt, trotz 30 Grad im Schatten. Ich lehnte mich mit dem Rükken gegen die Hauswand aus Sandstein und zog mir die Stiefel aus. »Tut mir leid«, sagte ich, »aber das muß sein. Schuhe sind mir ein Greuel.«

»Ich weiß«, sagte Mylene. »Sie haben sich immer und überall die Schuhe ausgezogen.«

Die Bemerkung machte mich froh. Mylene wußte noch etwas von mir.

»Woher haben Sie meine Adresse?« Ihre Frage klang nach Konversation.

Ich holte das abgewetzte Notizbuch aus der Tasche. »Dies lag auf Franks Nachttisch. Ihre Heimatadresse ist drin, die Telefonnummer nicht. Wie kommt das?«

»Frank hatte sie auswendig gelernt«, sagte Mylene und ging langsam zum Haus zurück.

»Ich habe Ihnen telegrafiert, als ... es passiert war. Sie scheinen das Telegramm nicht bekommen zu haben.«

»Ich habe es bekommen«, sagte sie.

»Aber Sie haben mir nicht geantwortet ...«

»Was hätte ich antworten sollen?«

Es war still hier oben. Die Geräusche der Heiligen Stadt drangen kaum bis in diesen Hof. Ich wunderte mich, daß keine Spatzen in dem Weinlaub lärmten. Gab es in der Wüste keine Spatzen? – Ich wartete, aber Mylene hatte keine Fragen. Sie brauchte nicht zu wissen, wie ich sie gefunden hatte. Den Brief aus Wilstensen würde sie nie beantworten, denn ein Brief führt zum Brief und zum nächsten und zu wieder einem, und irgendwann würde ihr jemand schreiben: »Franks letzte Worte drehten sich um die blendende Helle der Sonne, in der er sich auflöste.«

Mylene stand neben der kleinen Tür, die ins Haus führte, und wußte nichts anzufangen mit dem Freund des Freundes, der unerwartet und unerwünscht von weit her zu ihr gekommen war. Ich stellte mich vor sie hin und gab ihr das Büchlein. »Hier. Nehmen Sie es.«

Sie zögerte lange, nahm es dann doch und fuhr zärtlich mit den Fingerspitzen über das abgegriffene Leder.

»Ich habe es ihm einmal geschenkt«, sagte sie und lächelte. »In seinem alten Buch standen mir zu viele Adressen anderer Mädchen . . .«

»Dieses hier ist so gut wie leer«, beeilte ich mich zu sagen.

Fast achtlos ließ sie die Seiten durch ihre Finger laufen. »Tatsächlich . . .« Bei einer Eintragung blätterte sie noch einmal zurück. »Marcello Castellani«, sagte sie und schien sich zu erinnern. »Toronto–Frankfurt. Es war der Tag, an dem ich Frank zum ersten Male sah.«

»Marcello war der Lauteste von uns allen«, sagte ich.

»Von Ihnen beiden«, korrigierte sie. »Frank war eigentlich sehr still.«

War es vier Jahre her? Oder schon fünf? Wir hatten an einem Schießwettbewerb der NATO in Kanada teilgenommen und wurden von der Air Canada zurückgeflogen. Als Passagiere, was schon öfter vorgekommen war. Doch Erster Klasse war ein Novum.

»Da spinnt mal wieder ein Computer«, sagte ich.

»Ganz egal, wer spinnt«, meinte Marcello und klingelte nach der Stewardeß. Als sie erschien, streckte er die kurzen Beine aus, schob den Bauch vor und faltete die Hände über der beträchtlichen Wölbung. »Bringen Sie mir Briefpapier und die Anschrift Ihres Premierministers«, sagte er. »Wir wollen ihm ein Dankschreiben zukommen lassen.«

»Sofort«, sagte die Stewardeß mit einem Lachen in der Stimme. Sobald sie gegangen war, beugte sich Marcello über den Zwischengang zu Frank und mir herüber.

»Ein Heuler!«

»Wer?« fragte ich.

»Die Hosteß«, sagte Marcello. »Habt ihr den Kopf nicht gesehen? Die Königin von Saba!«

»Und das Fahrwerk?« wollte ich wissen.

»Urteile selbst«, sagte er.

Die Stewardeß trug Hosen. Sie gab Marcello das Briefpapier und sagte: »Wegen der Adresse unseres Premierministers empfehle ich einen Blick in das Telefonbuch von Ottawa.«

Ich sah Frank an und konnte in seinen Augen lesen, daß die Stewardeß schön war.

»Wenn ich es mir so recht überlege, wäre Ihre Adresse mir lieber«, sagte Marcello. Ich folgte Franks Blick und war überrascht von Mylenes fremdartiger Schönheit. Die Aufdringlichkeit des Italieners machte ihr nichts aus.

»Wünschen die Herren etwas zu trinken?«

Frank schien ihre Frage nicht gehört zu haben. Steile Falten zogen sich vertikal durch sein Gesicht, und daß sein Haar allmählich weiß wurde, war der blonden Mähne wegen nicht sofort erkennbar. Seine leicht geröteten Augen hingen bewundernd an Mylene, und staunend lauschte er nach innen. Ich stand auf.

»Haben Sie Champagner an Bord?« fragte ich.

»Ja«, lächelte Mylene und ging ihn holen. Marcello stürzte ihr nach.

»Champagner für uns alle«, schrie er, »aber Ihre Adresse nur für mich!«

Der Chefsteward entdrahtete den Korken und machte ein säuerliches Gesicht.

»Fliegt der Kapitän schon lange?« fragte ich.

Mylene ging mir nicht auf den Leim. Sie schaute nur auf ihre Armbanduhr und sagte: »Seit zwei Stunden.«

»Nein, überhaupt, wie viele Flugstunden hat er?«

Mylene ließ sich drei Gläser auf dem Tablett füllen und ging in die Kabine zurück.

»Wir sind ängstlich, müssen Sie wissen . . .«, rief Marcello ihr nach.

Ein Windstoß brachte etwas vom heißen Atem der Wüste in den Hof und zerrte an dem dünnen Stoff des Bademantels, als wolle er das Mädchen entkleiden. Mylene ließ es geschehen.

»Marcello fühlte sich unwiderstehlich«, sagte ich.

Sie lächelte und hob leicht die Schultern.

»Wir kamen von einem Wettbewerb, bei dem wir ziemlich schlecht abgeschnitten hatten«, sagte ich. »Müdigkeit, Enttäuschung, das Gefühl *Morgen ist auch noch ein Tag* – wir waren alberne dumme Jungen und fanden uns sehr komisch.«

»Sie brauchen sich nicht zu entschuldigen«, sagte Mylene.

Mit einemmal spürte ich die Hitze und den weiten Weg. Ich war wie ausgedörrt.

»Der Gedanke an den Champagner bringt mich um.«

Mylene sah mich fragend an.

»Ich bin sehr durstig.«

»O Gott«, sagte sie bestürzt. »Verzeihen Sie mir.«

Sie lief ins Haus und rief von drinnen, »ich bin etwas durcheinander . . . Kommen Sie doch herein.«

Das Wohnzimmer war schummerig kühl. Teppiche hingen an den Wänden, und große arabische Kissen bedeckten fast überall die Fliesen aus Keramik. In einer Ecke stand eine Wasserpfeife. Die Stereo-Anlage hätte das Herz eines Toningenieurs höher schlagen lassen.

»Dies ist die Wohnung Ihrer rothaarigen Kollegin von vorhin«, stellte ich fest.

»Das ist nicht schwer zu erraten.« Mylene kam aus der Küche und brachte mir ein großes Glas mit eisgekühltem Orangensaft. Ich trank die Hälfte, ohne abzusetzen. Unter dem Fenster zum Hof fand ich eine Bank aus gemauertem Sandstein. Ich setzte mich und trank die andere Hälfte.

»Was haben wir nicht alles angestellt, um Ihnen Ihre Telefonnummer zu entlocken«, sagte ich. »Es war nichts zu machen.«

Mylene sah lächelnd aus dem Fenster.

»Frank hat die ganze Zeit geschwiegen, oder?«

»Ja«, sagte sie.

»Er hat überhaupt nicht mit Ihnen gesprochen?«

Mylene sah vor sich hin.

»Was aber, wenn er Sie um Ihre Telefonnummer gebeten hätte?«

Sie schwieg.

»Was dann?«

»Dann hätte ich sie ihm gegeben«, sagte Mylene und nahm mir das Glas aus der Hand. »Sie müssen müde sein. Ruhen Sie sich ein wenig aus. Ich ziehe mich inzwischen um.«

Sie ging durch einen Rundbogen in den angrenzenden Raum und zog einen schweren dunkelroten Vorhang hinter sich zu.

Mylene hatte recht. Die Müdigkeit war im Begriff, mich einzuholen. Ich streckte mich auf der Bank aus und genoß die Kühle des Steins in meinem Rücken.

»Wie hat er sie denn herausbekommen, Ihre Adresse?« fragte ich laut.

»Ganz einfach«, rief Mylene zurück. »Er ist zum Kapitän ins Cockpit gegangen. Während ich alle Hände voll mit Ihnen und Ihrem italienischen Freund zu tun hatte, sagte er zum Skipper ›Ich bin Testpilot bei den Delta-Werken. Darf ich mal ein bißchen bei Ihnen zusehen?‹ Der Kapitän war froh, von einem Mann, der in der Entwicklung arbeitet, aus erster Hand Neuigkeiten erfahren zu können.«

Mylene schwieg eine Weile. Ich nickte: »Später hat der

Kapitän nach seinem Tee geklingelt, und als Sie zum Servieren ins Cockpit kamen, stand Frank vor Ihnen.«

Mylene schwieg. Ich brauchte keine Antwort. Ich sah die beiden in dem engen Cockpit. Sie standen voreinander, und mein Freund sagte: »Ich bin Frank Tondern«, und das Mädchen antwortete: »Ich heiße Mylene Malparte.«

Im Zimmer hinter dem Vorhang wurde eine Schranktür geöffnet. Stoff glitt zu Boden. Nackte Füße bewegten sich auf Fliesen aus Keramik.

»Warum sind Sie gekommen?« hörte ich Mylene fragen.

»Ich hab' doch schon erzählt, daß ich zum fliegenden Briefträger gemacht worden bin«, rief ich zurück.

»Ich meine, warum Sie hier bei mir sind?« fragte sie.

»Weil ich Sie wiedersehen wollte.«

Es kam keine Antwort. Ich schloß die Augen und fragte: »Kann ich Sie zum Essen einladen?«

»Das geht leider nicht. Ich bin schon verabredet.«

Der Satz kam als Echo von den Wänden zurück und dröhnte durch meinen Schädel. Was hatte ich Tölpel eigentlich erwartet?

»Sie sagen, er hätte in der letzten Zeit zuviel getrunken.«

Einen Augenblick lang blieb es still. »Wer behauptet das?« fragte Mylene dann.

»Die Herren von der Kommission«, sagte ich. »Eine Untersuchungskommission hat ihre Arbeit aufgenommen.«

Mein Körper wurde schwer wie Blei. Mit aller Kraft versuchte ich, die Augen offenzuhalten.

»Hat er?« fragte ich.

»Was?«

»Zu trinken begonnen?«

»Ich weiß es nicht«, sagte Mylene leise.

Ich wachte auf und sah sofort, daß ich lange geschlafen haben mußte. Die Sonne schien aus einer anderen Position auf das Dach aus Weinlaub über dem Innenhof. Vor mir stand Mylene und sah mich an. Gott, war diese Frau schön!

»Ich muß sehr müde gewesen sein«, sagte ich.

Mylene nickte.

»Habe ich geschnarcht?«

»Nein«, lachte sie. Ihr Haar war inzwischen trocken geworden und hing ihr weit über das helle Sommerkleid, das sie übergestreift hatte. In den Händen hielt sie eine Umhängetasche.

»Sie sind verabredet.« Ich setzte mich auf.

»Ja«, sagte sie. »Wenn Sie wollen, können Sie mitkommen. Gramps wartet schon. Wir wollen zusammen lunchen.«

»Gramps?«

»Mein Großvater. Wollen Sie ihn kennenlernen?«

Mit einem Schlage war ich hellwach. »Natürlich will ich ihn kennenlernen. Frank war ganz vernarrt in ihn. Wo ist er? Was macht er in Jerusalem?«

»Das erzähle ich Ihnen alles unterwegs«, sagte Mylene. »Jetzt kommen Sie erst mal mit. Ich bin schon spät dran.«

Von der Tür aus sah ich ihr zu, wie sie die Fenster schloß und einen Ventilator ausschaltete. Keine Frau dieser Welt bewegt sich mit so gleitender Schönheit wie Mylene. Sie wollte an mir vorbei in den Hof. Ich hielt sie auf und legte ihr meine Hände auf die Schultern.

»Warum hängen wir beide eigentlich an dem gleichen Mann?« sagte ich.

Sie sah mich aufgeschreckt an, sah durch mich hindurch, ein Beben lief durch ihren Körper, Tränen stiegen in ihr auf, aber sie nahm ihren Blick nicht von mir. Ein leiser Laut der Klage brach aus ihrem halbgeöffneten Mund. Langsam wandte sie sich von mir ab und ging mit hängenden Armen in die Mitte des Raumes zurück. Ich stand wie versteinert. Wie konnte ich je wiedergutmachen, was ich gerade angerichtet hatte? Oder waren dies die ersten Tränen, seit Wochen aufgestaut, eine Erlösung? Mylene hatte sich nur wenige Meter von mir entfernt, aber die Kluft war unüberbrückbar. Verzweifelt ging ich in den Hof hinaus. An der Mauer, die im Licht lag, sah ich einen Wasserhahn. Es dauerte lange, bis kühles Wasser kam und ich meinen Kopf unter den Strahl stecken konnte. Ewigkeiten gingen dahin, bis Mylene endlich aus dem Haus trat. In ihren Händen trug sie meinen Leinenbeutel und die Fliegerstiefel.

»Wollen Sie die Heilige Stadt auf Socken betreten?«

Sie brachte ein Lächeln zustande. Selbst ihre vom Weinen verschwollenen Augen lächelten.

Wir liefen nebeneinander über die Stufen und Gassen aus runden Steinen und zwängten uns durch das Menschengewühl der Altstadt. Es fiel mir schwer, mit Mylene Schritt zu halten, die es so eilig hatte. Arabische Händler saßen in Höhlen so alt wie die Zeit. An von Sonne gepeinigten Wänden hingen orientalische Teppiche neben Blue jeans, Schuhe neben Pelzjacken, Rosenkränze neben Spitzendecken. Touristen versuchten, schwarzgekleidete, vollbärtige Männer zu fotografieren, die lautstark abwinkten und nach den Aufdringlichen spuckten. Esel, vollbepackt mit Kupferkesseln und ziseliertem Messing, schoben sich achtlos durch eine buntgekleidete Menschenflut. Alles und alle drängten da durcheinander: Schwedinnen in Shorts, zerlumpte Jemeniten, Mönche, Araber, hagere Hälse mit vielreihigen Perlenketten, schwarzvermummte Frauen, gebeugte Landbewohner mit Gemüsekörben. Es roch nach Leder, Holzkohle, Knoblauch, Zimt und Räucherstäbchen. Ein braunes Tuch, mit goldenen Ornamenten reich bestickt, hing von einer Wand zur anderen und versperrte den Weg. Mylene hob es hoch und wartete, bis ich sie eingeholt hatte.

»Gehe ich zu schnell?« fragte sie.

»Vor wenigen Stunden war ich noch in einer anderen Welt«, sagte ich.

»Daran habe ich nicht gedacht«, sagte sie.

Ein dreijähriger, halbnackter Araberjunge pinkelte zufrieden gegen eine Hauswand. Mit der freien Hand hielt er sich an Mutters Röcken fest. Die mit Goldschmuck reichbehängte Frau kaufte bunten Kuchen von einem Bäcker mit Bauchladen.

»Wieso ist Ihr Großvater hier in Jerusalem?« fragte ich, ohne die verwirrende morgenländische Welt aus den Augen zu lassen.

»Seit ich denken kann, hat er davon gesprochen, daß er einmal nach Palästina reisen würde, die heiligen Stätten besuchen, eine Pilgerfahrt machen«, sagte Mylene. »Gramps ist ein sehr gläubiger Mensch. Wie fast alle Indianer.« Sie ging einem Lastenträger aus dem Weg und fügte hinzu: »Frank hat Ihnen sicher erzählt, daß Gramps Indianer ist.«

Ich nickte. »Er hat mir stundenlang von Ihrem Großvater vorgeschwärmt. Von einer Großmutter hat er nichts gesagt.«

»Ich kann mich nicht an sie erinnern. Sie war die Tochter französischer Einwanderer. Die beiden haben sich auf der Missionsschule kennengelernt.«

Wir bogen nach links ab. Ich mußte mich unter einem Torbogen hindurchbücken.

»Gramps hat es nie für möglich gehalten, je nach Israel zu kommen. Dann wurde ich im Austausch zur EL AL geschickt. Die Möglichkeit haben wir genutzt. Unmittelbare Verwandte zahlen nur zehn Prozent des normalen Flugpreises, wissen Sie!«

Ich wußte.

»Nun pilgert er schon seit zehn Tagen von einer heiligen Stätte zur anderen und wird immer stiller.«

»Warum?« fragte ich.

Mylene hob die Schultern. »Nur einmal kam er glücklich strahlend abends wieder nach Hause. Das war an dem Tag, als er den See Genezareth gesehen hatte. Der heilige Petrus soll da gefischt haben, der Schutzpatron aller Fischer . . .«

Ein Fellache drängte sich rücksichtslos zwischen uns und anderen Passanten hindurch. Auf der Schulter trug er eine lange hölzerne Stange, an deren beiden Enden geflochtene Käfige mit lebenden Hühnern baumelten. Ein Esel, der nicht weitergehen wollte, versperrte den Weg. Fluchend trat der Fellache nach dem Esel. Der Esel trat zurück. Behende sprang der Mann beiseite. Mylene sah die herumwirbelnde Stange kommen. Sie duckte sich und ließ sich mit dem Rücken gegen die Hausmauer fallen. Ich nahm den Schlag ahnungslos in seiner ganzen Wucht: der Käfig voller gackernder Hühner traf mich am Hinterkopf. Mylene versuchte mich aufzufangen. Mit meinem ganzen Gewicht fiel ich auf sie und warf sie gegen die Wand. Sie sah mich besorgt an. Ich lachte. Dann spürte ich ihren Körper. Zum erstenmal brannten ihre Schenkel gegen meine Schenkel, preßte sich ihr Bauch gegen meinen Bauch, fühlte ich ihre Brüste an meiner Brust. Mylene löste sich nicht aus unserer Umklammerung. Verwundert suchten ihre Augen in meinen nach einer Antwort. Das Beben, das durch meinen Körper lief, nahm sie in sich auf, und vor meiner Erregung zog sie sich nicht erschreckt zurück.

Die Krücke eines Bettlers stieß mir rhythmisch fordernd in die Seite. Aus einem zahnlosen Mund lief brauner Speichel. Ich legte keine Münze in die bittende Hand. Ich jagte ihn davon: er hatte den Zauber der ersten Umarmung zerbrochen.

7

Der alte Indianer konnte das arabische Restaurant unmöglich wegen seiner Einrichtung zum Treffpunkt gewählt haben. *Das Loch in der Wand* wäre ein treffender Name gewesen. Vier Tische luden in dem fensterlosen Raum so gut wie niemanden ein. Der Lärm der alten Gasse kam durch den Fliegenvorhang aus Plastikperlen nach innen und schallte von hellblau gestrichenen Wänden mehrfach wider. Ein Kalenderblatt empfahl *Trink Coca Cola eiskalt* in arabischen Schriftzügen. Daneben hing ein verblichenes Farbfoto, das früher einmal eine Moschee vor grünem Gras und blauem Himmel dargestellt hatte. Jetzt war das Gras blau, der Himmel gelb und die Neonröhren, die das Lokal erhellten, ließen die Moschee zu einer Eistorte erstarren.

»Schon am zweiten Tag habe ich dieses Restaurant entdeckt«, sagte der Indianer mit einer Stimme, die das Alter heiser gemacht hatte. »Ich stand draußen am Damaskus-Tor und sah zu, wie ein Mann frische Fische aus dem Kofferraum eines Autos lud. Es waren Meeresfische. Die meisten von ihnen sahen fremdländisch aus. Ich wollte den Mann nach den Fischen fragen, aber er sprach nur arabisch. So bin ich ihm nachgegangen, bis hierher zu diesem Lokal. Er ging in die Küche. Ich ging ihm weiter nach. Der Koch begrüßte ihn wie einen alten Freund. Der Koch spricht englisch, weil er Jude ist. So habe ich alles erfahren: die beiden sind Partner. Der Araber fischt im Meer, der Jude kocht in der Altstadt. Das geht schon über zwanzig Jahre so. In Krieg und Frieden. Die beiden Männer haben mir gefallen. Ich bin geblieben. Das Essen ist gut. Der Fisch ist frisch. Ich habe Mylene hierher gebracht. Ihr gefällt es auch.«

Der Mann aus den Wäldern saß mit dem Rücken zur Wand. Alles an ihm war alt: das schüttere weiße Haar, die Haut der tausend Runzeln, die fleischigen Holzhackerhände, die breiten nach vorn gebeugten Schultern. Nur die Augen waren jung. Sie leuchteten frisch und fast ein wenig pfiffig und schienen vom Altwerden nichts wissen zu wollen. Mylene hatte seine Augen, nur schöner, größer. Andererseits: vielleicht waren die des Indianers früher auch einmal so groß. Nach allem, was er sehen mußte, hat er sie dann im Lauf der Jahre mit den schweren Augenlidern zugehängt.

Mylene saß neben ihm vor der hellblauen Wand. Sie riß ein Stück weiches Brot von einem Fladen und tauchte es in einen weißen Brei. Ich machte es ihr nach. Es schmeckte wunderbar.

»Was ist das?« fragte ich.

»Humus«, sagte Mylene, »ein arabisches Vorgericht.«

Ihr Großvater schmunzelte. »Was die Leute wohl in Kairo essen? *Gefillte Fisch?*« Der dicke Koch schien ihn gehört zu haben. Aus der Küche kam ein Kichern.

Mylene goß hellroten Wein in unsere Gläser. Auf dem Etikett der Flasche stand *Carmel.*

»Willkommen im Gelobten Land«, sagte sie und hielt mir ihr Glas entgegen.

»Wir sollten auf Frank trinken«, sagte der alte Mann.

Mylenes Gesicht blieb ohne Regung.

Drei Gläser stießen zusammen, gaben aber keinen Ton.

»Meiner Sekte ist jeglicher Alkohol verboten«, sagte ich und setzte das Glas wieder ab, ohne daran genippt zu haben. Vier schwarze Augen sahen mich prüfend an.

»Zumindest zwischen zwei Flügen.«

Die beiden lachten und tranken kräftig. Der israelische Besitzer räumte unsere Teller ab. Ich gab ihm mein volles Glas: »Stellen Sie es auf Eis, bis ich wiederkomme. Ich mag Rosé gut gekühlt.«

»Wie wär's mit türkischem Kaffee?« schlug der Indianer vor.

»Der junge Herr muß ja glauben, wir Israelis hätten keine nennenswerte eigene Küche . . .«, meinte der Besitzer. »Seine Vermutung stimmt. Wir haben keine . . .«

»Sie sind also auch Flieger«, sagte der alte Mann, sobald wir wieder allein waren.

»Ja«, sagte ich.

»Militärflieger«, sagte der Mann, den Mylene Gramps nannte.

»Woher wissen Sie das?« fragte ich überrascht.

»Das ist an Ihren Stiefeln zu erkennen . . .«

Drei Franzosen schoben sich durch den Fliegenvorhang ins Lokal. Zwei Männer und eine Frau. Der letzte Mann kam nur ein Stück herein. Die Schnüre mit den Plastikkugeln hingen ihm halb vor dem Gesicht. Die Frau sah sich unbeeindruckt um. »Wir essen lieber im Hotel«, bestimmte sie. Die Männer fügten sich.

»Sind Sie schon lange hier?« fragte ich den alten Mann.

»Zwei Wochen«, sagte er. »In sieben Tagen geht's zurück.«

»Und?«

Er sah mich fragend an.

»Gefällt es Ihnen?«

»Es ist ein großer Wunsch von mir gewesen, die heiligen Stätten zu besuchen. Schon als Junge habe ich dort beten wollen, wo Christus gelebt und gelitten hat.«

Er holte tief Luft. »Aber man kann hier nicht beten. Sie haben auf der geweihten Erde einen Jahrmarkt errichtet. Ich bin in Nazareth gewesen. Unter der Erde ist eine Höhle im Wüstensand. Verängstigte Menschen haben sich wie Maulwürfe einen Zufluchtsort gegraben. Die Heiligen Drei Könige mußten sich im Dunklen die Höhlengänge nach unten tasten, bis sie vor der Krippe mit dem Kind gestanden haben. Ich habe das alles gefühlt, als ich in der Höhle war. Aber darüber? Was haben die Menschen oben, im Tageslicht, über der Höhle, errichtet? Eine Kathedrale!«

Er lehnte sich zurück und ordnete seine Gedanken. »Am Ölberg gibt es noch die alten Bäume. Der Fremdenführer sagt, die Olivenbäume seien zweitausend Jahre alt. Knorrig genug sehen sie aus. Möglich, daß Jesus zwischen ihnen gewandelt ist. Ich möchte gern dran glauben dürfen, auch wenn die Menschen den Ölberg eingemauert haben. Unterhalb des Berges aber, dort, wo sie den Heiland vom Kreuz genommen haben, liegt heute noch ein flacher, langer Stein. Es heißt, sie hätten den Leichnam dort niedergelegt und ihm die Wunden gewaschen. Und darüber?« Der alte Mann sah mich traurig an. »Was haben sie darüber errichtet? Eine Kathedrale! Aus Marmor, obgleich es weit und breit keine Steinbrüche geben kann. Alles ist aus Gold. Die Kreuze, die Lampen, das Tabernakel, die Gewänder der Priester.«

Er nahm einen Schluck aus seinem Glas. »Man hat mir eine Straße gezeigt, die eigens für den Papst geschaffen wurde, als er sich endlich mal hierher bemühte. Er soll im Auto gestanden und nach allen Seiten gewinkt haben. Mühelos ist er zum Ölberg gekommen. – Bei mir zu Haus, in der Provinzstadt, gibt es eine kleine Kirche. Neben einem Fenster hängt ein Ölgemälde. Es zeigt Jesus, der durch das Stadttor reitet. Auf einem Esel.«

»Ich glaube, dich stören hier vor allem die Menschen«, sagte Mylene. »Du bist die vielen Menschen nicht gewöhnt. Bei dir zu Hause gibt es Wälder. Zu Weihnachten liegt Schnee auf den Bäumen. Und hier? Ringsum ist viel totes Land. Ich glaube, du magst die Wüste nicht.«

»Nein«, sagte der alte Mann, »ich mag die Wüste nicht. Aber es gibt in diesem Land auch Dörfer, Oasen, Gemüsefelder, Dattelpalmen. Wenn ich im Freien bin, fällt mir das Beten leicht. Niemals hab' ich schönere Wolken gesehen als hier. Manchmal bricht ein Sonnenstrahl durch ganze Berge grauer Wolken. Dann ist es, als würde Gottes Finger auf einen Fluß deuten oder ein Zeichen geben. So steht es in der Bibel.«

Gramps legte seine schweren Hände auf das Blümchenmuster des Tischtuches.

»Heute hatte ich eine erstaunliche Begegnung«, sagte er. »Außerhalb Jerichos habe ich einen Weg zu Fuß gemacht. Ein Sandweg führt zu einem Dorf. Die Fenster sind wie tote Augen. Niemand schaut heraus. Araber sollen früher da gewohnt haben. In einem der vielen Kriege sind sie davongelaufen. Es heißt, sie seien in Jordanien.

Am Rand des Weges saß ein Mann mit einem guten Gesicht. Er schien mir nicht älter als fünfundfünfzig. Nur seine Augen waren alt. ›Ich möchte Ihnen etwas schenken‹, sagte der Mann und gab mir dieses Kunstwerk.«

Gramps bückte sich und holte unter dem Tisch eine kleine Statue hervor. Zwanzig Zentimeter hoch. Aus Ton gebrannt: Ein Mann, gehüllt in einen weiten Umhang, stemmt sich gegen einen starken Wind. In anderem Licht betrachtet konnte es auch ein Vogel sein. Oder ein startendes Flugzeug.

Mylene nahm die Tonfigur in ihre Hände. »Das ist ein

Mann, der sich gegen einen Sturm anstemmt«, sagte sie. »Der Fremde hat dir die Skulptur geschenkt? Ganz einfach so geschenkt?«

»Ja«, sagte Gramps. »Das hat mich sehr gewundert. Es kommt so selten vor, daß einer dir was gibt und gar nichts dafür haben will. Ich habe den Mann gefragt, warum er mir so eine schöne Arbeit überläßt.

›Meine Liebe für die Bildhauerei hat mich meine Familie gekostet‹, sagte er. ›Sie waren fromme Juden, orthodox: *Du sollst dir kein Bildnis machen.* Als ich zur Akademie der Schönen Künste nach Krakau ging, habe ich ihnen das Herz gebrochen. Sie hatten einen Sohn verloren. Sie trauerten um mich, als wäre ich gestorben. Bald darauf waren sie selber tot . . . Im Lager haben sich viele von uns gefragt, *warum?* Ich glaubte die Antwort gefunden zu haben, zumindest für mich selbst. Ich hatte das Gebot gebrochen, hatte gesündigt. Da habe ich seit langer Zeit wieder zu beten begonnen: Großer Gott, laß mich lebend aus diesem Lager herauskommen – von mir aus auch nur halb lebend –, und ich werde niemals wieder ein Bildnis formen.‹

Er streckte zwei gesunde Arme aus: ›Sehen Sie? Hier bin ich. Und ich habe mein Gelübde gehalten – bis vor drei Wochen. Als ich bei Ausgrabungen in der Nähe meines Kibbuz half, fand ich einen Klumpen Ton. Die Freude, den Klumpen zu bearbeiten . . . das Glücksgefühl, ihn mit meinen Händen zu formen . . . es war die Qualen wert. Ich konnte die Alpträume vergessen, die immer wiederkehrten.‹

Er hob mir die Statue entgegen. *›Du sollst dir kein Bildnis machen.* Ich darf dies Werk von meinen Händen nicht behalten. Da niemand mich besuchen kommt, konnte ich es nicht verschenken. Nun bin ich von daheim fortgelaufen und habe gewartet. Ich brauchte nicht lange hier im Staub zu sitzen. Sie sind des Weges gekommen. Ich wußte . . . Hier.‹

Ich nahm die Statue aus seinen Händen. Er hat mir dankbar zugelacht und ist davongegangen.«

»Eine fremdartige Geschichte«, sagte Mylene.

»Ein fremdartiges Land«, sagte Gramps und schloß die Augen.

Wir schwiegen eine Weile. Ich lauschte dem Gemurmel der Gasse und dem Geklapper von Besteck, das aus der Küche kam.

»Schläft er jetzt?« fragte ich Mylene mit einem Blick auf den alten Mann.

»Keineswegs«, lachte sie. »Er wundert sich nur, weil er so viel geredet hat.

Ihre Hand strich zärtlich über sein schütteres Haar. Die Augen in dem verwitterten Gesicht blieben geschlossen. Um seine vollen Lippen lag ein vergnügtes Lächeln. In Kleidung und Gehabe sah er wie ein Farmer aus den Staaten aus.

»Ich verdanke ihm eine glückliche Kindheit«, sagte sie. »Ganz allein haben wir im Wald gelebt. Ich habe gelernt, welche Wurzeln eßbar sind, wo man selbst im Winter Wasser findet und wie man den Bären aus dem Wege geht. Lesen und Schreiben habe ich von ihm gelernt. Wir besaßen nur ein Buch: die Bibel.«

Der alte Mann nickte mit einem großen Lächeln im Gesicht.

»Als ich in die Schule mußte, dachte ich, der Abschied sei für immer. Ich habe sehr geweint«, sagte Mylene.

»In den Ferien bist du zurückgekommen«, sagte Gramps. Seine Augen ließ er geschlossen.

»Zweimal im Jahr«, bestätigte Mylene. »Gramps hat nie mit den anderen Eltern auf dem Schulhof gewartet, wenn die Kinder aus dem Internat entlassen wurden. Er stand allein auf der anderen Seite der Straße. Ich bin zu ihm gelaufen. Wenn er mich in seine Arme nahm, wußte ich, daß alles gut war.«

»Im Sommer haben wir den Namaycush geangelt«, sagte Gramps.

»Ein Zwanzigpfünder war keine Seltenheit«, ergänzte Mylene begeistert.

»Was ist das? Ein Fisch?« fragte ich.

»Der schönste, den es im Norden gibt«, sagte Mylene. »Er ähnelt der Forelle. Gramps kann ihn mit bloßen Händen fangen.«

»Nur wenn er klein ist und noch etwas dumm«, schwächte der Indianer ab.

»Gramps legt sich am Ufer nieder, da, wo der See noch flach und silbrig ist. Eine Hand hält er ins Wasser, bis der Fisch neugierig näher kommt. Das dauert ziemlich lange. Schließlich streicht Gramps dem Namaycush mit flacher Hand den Bauch entlang. Wenn er dann nicht fortschwimmt, greift Gramps zu.«

»Und dann?« fragte ich.

»Dann werfen wir den Fisch in seinen See zurück«, lachte Mylene.

Keine Frau kann schöner lachen.

»Im Winter sind wir mit dem Hundeschlitten über die gefrorenen Seen gefahren. Manchmal haben wir die Bären aufgestöbert, die böse waren, weil sie schlafen wollten.«

»Das klingt wie in einem Märchen«, sagte ich.

»Nicht immer geht es so, wie's soll«, sagte Gramps und lehnte sich mit seinem Stuhl zurück. Langsam hoben sich die schweren Augendeckel. »In manchen Sommern sind Moskitos eine arge Plage. Und Winter gibt es, die wollen gar kein Ende nehmen. Ich fürchte dann, das nächste Grün an all den Bäumen nicht mehr zu erleben. An solchen dunklen Tagen fühl' ich mich ein wenig einsam.«

»Was tun Sie dann, in solchen Stunden?« fragte ich.

»Ich ergebe mich«, sagte Gramps. »Die Wildnis läßt nur

den am Leben, der sich ihr ergibt. Ihm öffnet sie sich, läßt ihn ihre Schönheit sehen, zeigt ihm auch ihre Geheimnisse. Wer gegen sie ankämpfen und sie besiegen will, der wird von ihr vernichtet.«

Die heisere Stimme hatte mit großer Ernsthaftigkeit gesprochen. Ich wagte nicht zu lächeln.

»Ich habe gehört, daß Sie ganz zurückgezogen leben«, sagte ich.

»Ja«, sagte Gramps und füllte sein Glas von neuem.

»Wie weit ist es bis zu Ihren Nachbarn?«

»Die nächste Ansiedlung liegt eine Tagesreise weit im Jeep entfernt.«

»Gramps lebt weitab von allem in seiner *Fishing Lodge*«, sagte Mylene. »Drei Blockhäuser im Wald, am Ufer eines der vielen Seen. Leute, die fischen wollen, kommen zu ihm als zahlende Gäste. Es sind nicht viele. Mehr als sechs auf einmal haben keinen Platz bei ihm.«

»Sie sagen, daß sie der Zivilisation entfliehen wollen«, lächelte der alte Mann. »Wenn sie in ihren Städten sind, träumen sie vom freien Leben in der Natur. Sie nehmen sich vor, draußen zu leben, so wie ich, im Wald. Oder in der Wildnis, wie sie es nennen. Sie sagen, sie würden allzu gerne mit mir tauschen. Doch schon am dritten Tag vermissen sie das warme Wasser aus dem Leitungshahn, am fünften wird die harte Bettstatt unbequem, und nach vierzehn Tagen warten sie bereits mit gepacktem Rucksack am Bootssteg auf das Wasserflugzeug – auf die Rückkehr zu ihren Frauen in der Stadt.«

Der israelische Besitzer brachte einen langen, roten Fisch, der in einer Buttersauce mit Mandeln schwamm. Gramps trennte mit der Geschicklichkeit eines Oberkellners das Fleisch von den Gräten. Bevor er die Filets auf unsere Teller gab, kostete er kritisch.

»Nun?« fragte der Koch. »Was sagen Sie?«

»Fische gehören nicht in die Pfanne«, sagte der Alte.

»Sondern?« fragte der Besitzer.

»In Lehm. Oder in einen Topf aus Ton. Wenn's gar nicht anders geht, in Alufolie. Damit der eigene Saft drin bleibt.«

Der dicke Mann schlug die Augen zum Himmel. »Amerikanische Barbaren«, seufzte er. »Sie können ihre Lagerfeuer nicht vergessen.« Er schlug dem Alten seine verschwitzte Hand freundschaftlich auf die Schulter und zog sich in die Küche zurück.

»Er hält mich für einen Amerikaner«, lachte der Indianer.

»Das liegt an Ihrem karierten Hemd«, sagte ich und stürzte mich auf den Fisch.

Wann hatte ich zuletzt gegessen? Frühstück in Wilstensen? Wie viele Ewigkeiten war das her?

»Sie machen nicht den Eindruck, als würden Sie lange in Israel bleiben«, sagte der alte Mann mit vollem Mund nach einer geraumen Weile.

»Leider nicht«, sagte ich und konnte es nicht verhindern, daß meine Augen zu Mylene hinüberwanderten. »Bei Sonnenuntergang fliege ich zurück.«

»Nach Deutschland?« fragte der Großvater. »Nachts?«

Ich nickte. »Der Kommodore will wissen, ob ich mein Vaterland auch finde, wenn es auf der Straße dunkel ist . . .«

Ich sah Mylene beim Essen zu. Der Tag hatte mir ihre Tränen gebracht, aber auch ihr Lachen. Und mit wenigen Sätzen hatte sie mir einen Blick in ihre Kindheit geschenkt. Es war ein guter Tag gewesen.

»Werden Sie morgen vor der Kommission wieder aussagen müssen?« fragte Mylene.

»Vermutlich«, sagte ich.

»Es geht um die Frage, wer versagt hat«, erklärte die Enkelin dem alten Mann vom Wald, »das Flugzeug oder der Pilot.«

Gramps sah mich forschend an. »Halten Sie es für möglich, daß Frank versagt hat?«

»Nein. *Versagen* ist das falsche Wort. Frank gehörte zu den besten Piloten, die ich je gesehen habe. Fliegen war eine natürliche Art der Fortbewegung für ihn. Er flog nachtwandlerisch sicher, folgte nur seinem Instinkt.«

»Und solch ein Mann macht niemals einen Fehler?« fragte Gramps.

»So gut wie nie«, sagte ich. »Ich will Ihnen ein Beispiel geben.«

Der alte Mann zerschnitt eine Kartoffel und nickte mir ermunternd zu.

»Einmal, in einem zweisitzigen Trainer, einem Propellerflugzeug, hat er hinten gesessen. Er war mein Fluglehrer. Vermutlich wollte er mir Vertrauen geben, denn er las die Zeitung. Wir flogen nicht sehr hoch über Grund. Ich wurde übermütig und überzog die Maschine. Als sie trudeln wollte, trat er nur mit aller Kraft ins Seitenruder. In einer solchen Fluglage übernimmt das Seitenruder die Funktion des Höhenruders, verstehen Sie?«

»Nein«, sagte Gramps«, aber erzählen Sie nur weiter.«

»Mit dieser Reaktion, mit diesem Tritt ins Ruder, hat er uns vorm Trudeln bewahrt, uns beiden das Leben gerettet. Denn ich hätte das Flugzeug niemals mehr abfangen können, so kurz über Grund . . .«

Die beiden schwarzen Augenpaare sahen mich aufmerksam an.

»Für ihn war das reine Instinktsache. Er hat nicht einmal von der Zeitung aufgesehen. Und anschließend gab es kein einziges Wort des Vorwurfs für mich. Er befahl mir, auf Höhe zu gehen, legte die Zeitung beiseite und übte mit mir das Trudeln, oder besser gesagt, er zeigte mir, wie man es vermeidet.«

Ich nahm einen Schluck von dem Wasser in meinem Glas. Es schmeckte faul, wie nach Eisen.

Der Indianer schien mehr hören zu wollen. Ich gab ihm mehr: »Wenn Sie Frank bei Flugtagen gesehen hätten, würden Sie mich besser verstehen können. Er konnte Kunstflug wie kein Zweiter. Mit einer *Bücker Jungmeister*, das ist ein alter Doppeldecker, ist er im Rückenflug so niedrig an den Tribünen vorbeigeflogen, daß es den Anschein hatte, er könnte mit den Händen den Rasen berühren.«

Der alte Mann nickte lächelnd. »Sie waren sein Freund.«

»Ja«, sagte ich.

»Frage ist nur: war er auch *Ihr* Freund?«

»Wie meinen Sie das?«

»Ist Freundschaft nicht ein Gefühl, das erwidert werden sollte?«

»Aber ja doch«, sagte ich und wußte nicht mehr weiter. Was bezweckte der alte Mann mit dieser Frage? Er war in die Nähe eines Zweifels geraten, der schon lange in mir saß.

»Adler ziehen ihre Kreise nie zu zweit«, sagte der Indianer. »Der große Vogel beherrscht den Himmel. Er ist immer allein. Kann der Adler einen Freund haben? Oder der große Namaycush: er steht allein in der grünen Tiefe. Sie ist sein Reich. Kann der Namaycush einen Freund haben?«

Eine kurze Weile lang fiel mir das Atmen schwer und Sätze ließen mich im Stich. Alle meine unbeholfenen Fragen waren auf zwingend einfache Weise beantwortet. Frank hatte nie *mit* anderen Menschen gelebt, mit Freunden, Kameraden, Frauen. Auch nicht mit Mylene. Er war auf seine eigene Art uns immer fern geblieben, hinter einer Glaswand, allein. Selbst in den Stunden, in denen er mit uns zusammen war.

Der Adler zog seine Kreise. Allein.

»An einem Tag im Herbst ist er bei mir gelandet«, sagte Gramps heiser. »Unerwartet. Unerwünscht. Er kletterte auf die Schwimmer hinaus und warf mir eine Leine zu. Ich vertaute sein Flugzeug am Landungssteg und sah ihm zu, wie er den Anker auswarf. Dann lachte er mich an. Alles an ihm war hell: seine Augen, seine Haare und sein Lachen. Ein solcher Mann kommt nicht, um zu geben.«

Mylene legte ihre Gabel auf den Tisch zurück und schob das Weinglas auf dem Blümchenmuster hin und her.

»Ich habe mich immer vor dem Tag gesorgt, an dem sich mein kleines Mädchen unter vielen Männern für *den einen Mann* entscheiden würde«, sagte Gramps.

Mylene strich ihre Haare aus der Stirn. Ihr Lachen klang nervös. Gramps schaute sie versonnen an.

»Ich sah dem Fremden zu, wie er mit sicheren Schritten dem Land entgegen watete, und ich wußte, weshalb er kam.«

»Der Adler war gekommen, sich seine Beute abzuholen«, lachte Mylene übertrieben laut.

Der alte Mann sah sie nur schweigend an. In seinem Gesicht gab es kein Lachen.

Er war nicht gekommen, Dich zu holen. Du hattest Spuren bei ihm hinterlassen. So nahm er Urlaub – ging Dich suchen. Als er zurückkam, sagte er nur knapp: »Ich habe sie gefunden.« Wir tranken Wein und sahen auf den Fluß hinunter. Er sprach davon, wie er Dich gefunden hatte in dem großen Land. Und er erzählte auch von Dir: Von Deiner Ruhe, Deiner Schönheit, der Kühle Deiner Haut, nach dem Bad im See.

Ich begann, mich in Dich zu verlieben.

8

Für Frank war Montreal wie jede andere Stadt, und in dem Verwaltungsgebäude gab es tausend anonyme Türen. Der Mann in der Personalabteilung hatte einen französischen Akzent. Er sah verkatert aus.

»Wir geben keine Auskunft«, sagte er. »Außerdem ist unser fliegendes Personal nicht nur hier in Montreal stationiert. Wissen Sie, wie groß Kanada ist?«

»Groß«, sagte Frank.

»Von einer Küste zur anderen haben wir es so weit wie ihr von Frankfurt nach New York. Unser Personal ist übers ganze Land verstreut.«

»Ottawa . . . Quebec . . . Toronto«, begann Frank an den Fingern abzuzählen.

»Halifax . . . Winnipeg . . . Vancouver«, nickte der Mann, »und noch ein paar andere Orte.«

»Verstehe«, sagte Frank und ging zur Tür. »Nur noch eine Frage: wo stillt hier der Fremde seinen Nachdurst?«

Das Gesicht hinter dem Schreibtisch leuchtete Verständnis. »Der weitaus beste Brunnen in der Stadt ist *Dannies Den*. Zwei Häuserblocks nach Osten auf der linken Seite.«

Auf dem Weg zu *Dannies Den* sah Frank die Drehtüren des Hotels *Winterpalace*. Die grauhaarige Frau an der Telefonzentrale half ihm beim Blättern in den dicken Telefonbüchern. »Niemand namens Malparte in Halifax«, sagte sie.

»In Ottowa gibt es zwei Eintragungen«, stellte Frank fest, »aber die Vornamen stimmen nicht.«

»Vielleicht lebt sie bei ihrem Vater«, sagte die Telefonistin.

Daran hatte Frank noch nicht gedacht.

»Oder bei ihrem Mann«, lachte die Frau mit den Kopfhörern.

»Nein«, sagte Frank. »Hier ist sie: Malparte, Mylene. In Toronto.«

»Nummer?« fragte die Telefonistin.

»Vorwahl 416.«

»Ich weiß. Und dann?«

»Neun sechs vier, eins vier null zwei.« Frank lernte sie auswendig.

Die Nummer gab keine Antwort. Im Blumenstand der Hotelhalle steckten viele Veilchensträuße. »Bringen Sie einen davon der Telefonistin«, sagte Frank zu einem Pagen und gab ihm zwei Dollar.

Dannies Den unterschied sich in nichts von einem Pub auf der Kensington Highstreet. Dunkles Holz und viele Spiegel. Mehr Männer als Frauen. Auf dem roten Teppich voller Zigarettenlöcher gab es niemanden ohne ein Glas in der Hand. Frank bestellte ein Bier und lehnte sich an die Theke. Das Fernsehgerät an der Wand hinter dem Barmann begann mit den Mittagsnachrichten, als der Mann aus der Personalabteilung sich zwischen den Trinkenden hindurchzwängte.

»Hi, Brendon«, sagte er zum Barmann, »mit der ersten Bloody Mary wirst du mir das Leben retten . . .«

»Und mit der zweiten?« lachte Brendon.

»Mit der zweiten machst du mir den Rest des Tages möglich.«

»Die erste Runde geht an mich«, sagte Frank.

Der Personalmann schob sich auf den Hocker neben ihn.

»Haben Sie die Stadt noch nicht verlassen?«

Frank legte einen Zettel mit Mylenes Adresse auf die Theke. »Toronto. Die Nummer antwortet nicht. Vermutlich fliegt sie heute.«

Der Mann trank mit geschlossenen Augen von der Bloody Mary. Er verzog das Gesicht.

»Warum suchen Sie das Mädchen?«

»Weil ich sie wiederfinden muß.«

»In diesem Land ähnelt das der berühmten Stecknadel im Heuhaufen.«

»Einem Mann wie Ihnen kann so was nicht passieren«, sagte Frank.

»Was?«

Frank hob nur die Achseln und schwieg.

Der Personalmann kühlte seine Hände an dem langen Glas der zweiten Mary.

»Ich suche meine Stecknadel schon seit zwei Jahren. Wahrscheinlich ist sie in den Staaten.« Er nahm den Zettel, der vor ihm auf der Theke lag.

»Mylene. Ein Name unter vielen . . .«

»Nicht für mich«, sagte Frank.

Der Mann sah ihn traurig an und stand auf. »Die zweite Runde geht an mich«, sagte er zu Brendon und ging zum Telefon. Im Fernseher meldete der Nachrichtensprecher, daß Premierminister Trudeau die Briefträger abschaffen wolle.

»Stellen Sie sich nur mal die Schlangen an den Postschaltern vor, wenn wir morgens unsere Briefe holen«, sagte Brendon. »Jeder nimmt nur das, was ihm gefällt. Die Rechnungen lassen wir in den Fächern bis zum Überquellen liegen.«

Der Gedanke brachte einige der Männer im Raum zum Lachen. Es dauerte lange, bis der Personalmann vom Telefon zurückkam.

»Sie ist in Urlaub«, sagte er und nahm den ersten Schluck der zweiten Bloody Mary. »Wir sollten an das Mittagessen denken. Meine Pause ist gleich um.«

»Zwei Speisenkarten, Brendon«, sagte Frank zum Barmann. »Mein neuer Freund hier ist mein Gast. Er wird uns jeden Augenblick den Namen eines Ferienortes nennen.«

»Lake Namaycush.«

»Wo ist das?« fragte Frank.

»Das hab' ich auch gefragt«, sagte der Kanadier. »Genau konnte mir das niemand sagen. Am besten fliegen Sie mit uns nach Winnipeg. Von da nehmen Sie die Local Air Line nach Red Lake. Dann müssen Sie noch einmal fragen.«

Er schob Frank den Zettel über die Theke zurück. Unter Mylenes Namen hatte er *Nadowe Fishing Lodge* gekritzelt.

»Das muß bei einem der vielen Seen sein«, sagte Brendon. »Ein unbeschreiblich schönes Land.«

Frank gab dem Personalmann die Speisenkarte.

»Nadowe soll Indianer sein«, sagte der. »Und die Lodge ist nur 'ne stinkige Hütte.«

»Was halten Sie von Räucherlachs?« fragte Frank.

»Die Frau soll jedes Jahr zu dem Indianer fahren«, sagte der andere.

»Warum hauen Sie ihm nicht ein paar in die Fresse?« schlug der Barmann vor.

»Haben Sie schon mal ein Gerücht mit der Faust in einen Schlund zurückgeprügelt?« fragte Frank.

»Eines Tages haut ihm mal einer in die Fresse«, sagte Brendon. »Hoffentlich erlebe ich das noch.«

Frank schlief den ganzen Weg in einer DC 8 der Air Canada und war auch noch ein wenig benommen, als ihn eine DC 9 nach Red Lake brachte.

Farbige Holzhäuser standen in friedlicher Nachbarschaft, jedoch ein wenig auf Distanz bedacht, am See herum. Die Luft war frisch, aber die Herbstsonne wärmte die Knochen der alten Angler, die auf Bootsstegen hockten und in die Weite schauten. Baumstämme, gut zwanzig Meter lang, stapelten sich auf freien Plätzen. Jeeps holperten über unebenes Pflaster, und vor Lagerhäusern beluden Männer amerikanische Pritschenwagen. Die blitzblanken Fenster des *Pine Shore Hotels* spiegelten die Sonne wider. Neben dem Eingang hing ein Schild: *Bronco Air.* Am Landungssteg für große Boote hing das gleiche Schild, und ein Stück weiter draußen dümpelten zwei einmotorige Flugzeuge zwischen Motorbooten auf dem leichtbewegten See. Die hellgelb gestrichenen Cessnas 185 waren mit langen Leinen an zwei Bojen festgemacht. Auf ihren watscheligen Schwimmern sahen sie wie am Halse festgezurrte Gänse aus. Frank fand, daß die Maschinen einen gut gepflegten Eindruck machten, und ging im Hotel nach dem Besitzer suchen.

Giuliano Bronco war Zigarrenraucher. Die Asche auf seiner dunkelblauen Pilotenjacke sprach davon, und der große Aschenbecher vor ihm auf dem Tisch quoll über. Er musterte in aller Ruhe Franks Krawatte.

»Willkommen, Fremder«, sagte er und versuchte, seiner Sprache einen amerikanischen Anstrich zu geben. Der Versuch mißlang. Italien schlug durch. »Was kann ein *Local Yocel* für Sie tun?«

»Ein Zimmer für die Nacht und ein Flugzeug für den Morgen«, sagte Frank.

»Die Zimmerfrage legen wir in die kenntnisreichen Hände von Winnipooh – das Flugzeug wird von mir geflogen«, sagte

Bronco und brüllte aus vollem Hals nach Winnipooh. Ein blondes Mädchen kam aus der Küche. Ihr Lächeln leuchtete so hell wie die spiegelnden Scheiben des Hotels von außen. Ein abgebrochener Vorderzahn in dem sonst sehr schönen Mund fiel sofort auf, störte aber keineswegs. Winnipooh sagte, daß sie mehrere freie Zimmer und viele freie Bäder hätte, denn mitten in der Woche gäb es hier kaum Gäste und die Saison sei schon vorbei. Frank gab ihr seinen Trenchcoat und die Reisetasche und setzte sich zu Bronco.

»Mein Name ist Tondern, und ich würde das Flugzeug gerne selber fliegen.«

»Das läßt sich machen, falls Sie auch einen Vornamen haben, Fremder«, meinte der Italo-Kanadier.

»Frank«, sagte der und streckte dem anderen die Hand hin.

»Bronco«, sagte der Local Yocel und preßte die dargebotene Hand mit aller Kraft.

»Ist das ein Vorname?« fragte Frank.

»Ein Name für alle Gelegenheiten«, lachte Bronco. »Außerdem brauchen wir eine der anerkannten Kreditkarten und einen Pilotenschein.«

Unter den angebotenen Karten fischte sich Bronco die Eurocard heraus. »Weil Mastercharge da angeschlossen ist«, sagte er. »Wie steht's mit der Lizenz?«

»Hat ein amerikanischer Pilotenschein hier Gültigkeit?«

»Aber ja«, sagte Bronco, »falls die 185 eingetragen ist.«

Frank begann, nach der Cessna unter den vielen Eintragungen zu suchen. Bronco entdeckte den Schein der Delta-Werke und pfiff durch die Zähne. »F 4? F 104?« sagte er. »727? Alle Fokkers? Sind Sie Testpilot?«

»Ja.« Frank hatte die Cessna-Eintragung gefunden.

»Wie steht's mit Wasserflugzeugen, Kollege?«

»Auch«, sagte Frank.

»Mann-o-Mann«, staunte Bronco. »Heute abend sind Sie mein Gast. Weltwunder kommen nicht alle Tage nach Red Lake.« Er brüllte wieder lauthals nach Winnipooh und ging zur Küche.

»Hol die besten Hummer von Wabbercharly und hau sie bis zum Kochen in deine Badewanne! Wir haben einen Gast zum Dinner, der alles fliegen kann, was es nur gibt. Nur auf dem Mond ist er noch nicht gewesen!«

Behende drehte er sich zu dem Fremden um.

»Oder?«

»Nein«, lachte Frank.

»Nein!« brüllte Bronco. »Auf dem Mond ist er noch nicht gewesen!«

Der Hummer war gut und das Bier dünn, und Winnipooh brachte zum Abschluß noch Kaffee und Brandy. Dann setzte sie sich auf Broncos Schoß und ließ sich von Kennerhand betatschen. Ein- oder zweimal kamen Holzfäller herein, um Bier zu holen, sonst erschienen keine anderen Gäste.

»Wo wollen Sie denn morgen hin, Frank?« wollte Bronco wissen.

Frank holte seinen Zettel heraus. »Lake Namaycush.«

Winnipooh sah ihn überrascht an. »Zu Nadowe?«

»Ja«, sagte Frank. »Wie haben Sie das erraten?«

»Außer Nadowe's Fishing Lodge gibt's nichts anderes an dem See«, lachte Bronco. »Kennen Sie den alten Waldläufer?«

»Nein«, sagte Frank. »Ich wußte nicht, daß er Waldläufer ist.«

»Ich glaube, er hat schon alles gemacht, Gold waschen, alles. Wie alle Indianer hier.«

Frank nahm einen großen Schluck von seinem Brandy. Mylene ging jedes Jahr zu dem Indianer . . .

»Wie steht's mit Navigation ohne Hilfen?« fragte Bronco.

Frank zuckte die Schultern.

»Hier gibt es keine Funkfeuer, kein Nichts. Sie werden mal wieder die Karte auf die Knie nehmen müssen und aus dem Fenster sehen.«

»Straße rechts, Eisenbahn links . . . wie früher«, sagte Frank.

»Die Straße werden Sie vergeblich suchen, und Eisenbahnen gibt es keine«, grinste Bronco. »Nur Seen, die sich alle ähneln.« Seine Hand wanderte unter dem Rock der Frau die Schenkel aufwärts. Winnipooh biß dem Italiener zärtlich in das Läppchen eines ziemlich großen Ohres.

»Ich werde Ihnen den Kurs auf der Karte einzeichnen«, sagte Bronco. »Und du, mein Goldarsch, weckst den Astronauten eine Stunde vor Sonnenaufgang. Wie ich Frank hier kenne, kann er nicht früh genug zu Nadowe kommen.«

Er sah Frank listig an. »Recht so?«

»Recht so«, nickte Frank.

Bronco schlug ihm mit der Hand, die unbeschäftigt war, kräftig auf die Schulter.

Frank hatte erschöpft und traumlos geschlafen. Als er mit dem ersten Licht des Tages zum Bootssteg kam, wischte Bronco bereits den Tau der Nacht von den Bänken des kleinen Ruderbootes.

»Es ist alles vorbereitet«, sagte er, »die Karte liegt auf dem rechten Sitz. Kurse und Kurszahlen sind eingezeichnet. Außerdem finden Sie einen Kassetten-Recorder in der Maschine. Schalten Sie ihn ein, sobald Sie nach dem Start auf Nordkurs gehen. Es soll der Unterhaltung dienen.«

Er ruderte Frank zur Cessna hinüber und legte die Leine los. Während Frank das Flugzeug langsam zwischen den vielen Booten hindurch über spiegelblankes Wasser zur Mitte des Sees manövrierte, stand Bronco auf dem Bootssteg, die

Hände bis zu den Ellenbogen in den Hosentaschen vergraben. Frank hatte den Eindruck, der Mann würde über ihn lachen.

Auch während des Fluges war Bronco dabei. Aus dem Kassetten-Recorder kam seine Stimme: »Guten Morgen, Frank! Dieses Tonband mußte sein. Einmal darf sich der Wunderknabe doch nicht im unwegsamen Busch verfranzen und den Delta-Werken verlorengehen. Zum anderen wollen Germanen doch immer alles ganz genau wissen. Wenn Sie mich schon nicht mitnehmen zu dem Schlitzohr von einem Indianer, dann spiele ich halt Fremdenführer auf Konserve.

Zunächst steuern Sie fast reinen Nordkurs, lassen unseren See immer links. Trout Lake bleibt hart an der rechten Fläche.

Sie befinden sich über der Provinz Ontario, die fünfmal so groß ist wie Ihre Bundesrepublik. Es leben aber nur sieben Millionen Einwohner hier, davon die weitaus meisten in den Städten des Südostens, im Bereich der großen amerikanischen Seen.

Halten Sie ungefähr eine Stunde lang diesen Kurs. Schalten Sie mich jetzt ab. Wenn Sie zwei Flüsse überquert haben und der dritte in Sicht kommt, knipsen Sie mich wieder an.«

Frank war schon lange nicht mehr so langsam geflogen. Es machte Spaß, ungestört aus dem Fenster schauen zu können. Das Land, über das er flog, schien menschenleer. Ein klarer, blauer Himmel wölbte sich über Farbflecken aus grün, rot und gelb. Nordkurs lag an, und die Versetzung durch Seitenwind schien minimal. Der Motor lief voll und rund.

Der Mac-Dowell-Fluß kam in Sicht, und Frank fiel auf 45 Grad ab. Er drückte auf den Knopf des Bandgerätes und ließ Bronco weiterplappern.

»Wußten Sie, daß Kanada fast ein Drittel des gesamten Süßwasseraufkommens der Erde hat?«

Frank wußte es nicht, aber nach dem, was er da unten sah, wunderte es ihn auch nicht. Sanfte Hügel fielen allmählich nach Nordosten ab. Selten gab es mal ein Dorf oder eine kleine Kirche. Wälder ohne Unterlaß. Und überall, ganz gleich, wohin er sah, gab es Seen und Flüsse.

»So geht es nordwärts bis hinauf zur Hudson Bay«, kam Broncos Stimme aus dem schwarzen Gerät. »Und in westlicher und nordwestlicher Richtung bis hin zu den Rocky Mountains, Alaska und den Nordwest-Territorien. Ist das nicht ein herrliches Land?«

Frank nickte, auch wenn der andere ihn nicht sehen konnte. Ja, es war ein herrliches Land. Und das Mädchen, das er suchte, erschien ihm immer rätselhafter. Eine junge Frau unserer Zeit, eine Stewardeß, ein zauberhaftes Lächeln, eine abweisende Zurückhaltung – und die gleiche Frau in dieser Einsamkeit des Waldes und der Flüsse.

Jedes Jahr ging sie zu dem Indianer ...

»Man kann hier noch als Pelztierjäger sein Auskommen haben«, sagte Bronco auf Band, »selbst Gold läßt sich hier noch waschen. An manchen Stellen soll's noch Nuggets geben, so groß wie Fingernägel.«

Eine weitere Stunde später tauchte der Big Trout Lake am Horizont auf. Frank begann sich zu fragen, wie er unter den Tausenden von Seen hier den einen finden sollte, den er suchte. Laut Karte mußte er jetzt 50 Grad steuern. Bronco war höchst willkommen:

»In zwanzig Minuten werden Sie den Frog River ausmachen«, sagte er, »und dann kommt auch bald der Lake Namaycush. Er ist ungefähr sechs Meilen lang und fast ebenso breit. Die Uferlinie ist zerklüftet. Unzählige Buchten, Halbinseln, Inseln. Viele Bäche und Flüsse münden in den See und laufen an andrer Stelle wieder raus. Und ringsum Wälder, wie Sie noch keine gesehen haben! Sie können den See gar nicht verfehlen«, sagte Bronco und verschluckte sich an seinem Lachen. Er hustete ein wenig und schloß dann seine Tätigkeit als Co-Pilot und Fremdenführer mit den Worten: »Nadowes Camp liegt in einer Bucht am Nordostufer. Rufen Sie mich über Radio auf Frequenz 118,6, sobald Sie wieder starten. Ende.«

Frank flog tief am Nordostufer entlang und sah die Hütten der Lodge auf Anhieb. Ein einzelner Mann trat aus dem Wald und hielt die Hände schützend über die Augen. Der See war leicht bewegt. Frank nahm die Klappen heraus, schob den Regler zurück und hing die Enden der Schwimmer vorsichtig in das Wasser. Es polterte und klatschte. Frank wendete die Maschine und fuhr auf das Camp zu. Er schaltete den Motor ab und kletterte auf die Schwimmer hinaus. Der Mann stand auf dem Landungssteg. Er war wie ein Holzfäller gekleidet. Sein Gesicht verriet den Indianer. Frank warf ihm die Leine zu und sah, daß der Mann alt war.

Die Frau fährt jedes Jahr zu dem greisen Indianer . . .

Frank warf den Anker achtern aus und sprang in das seichte Wasser. Lachend watete er dem Ufer entgegen.

»Guten Tag«, rief er dem Alten zu. »Sind Sie der Boß hier?«

»Ja«, sagte der Mann mit unbewegtem Gesicht.

»Mein Name ist Frank Tondern.«

Der Alte sah ihn lange an. »Ich habe Sie erwartet«, sagte er dann.

Frank blieb überrascht stehen.

»Ich wußte, daß Sie kommen würden.«

Frank verstand noch immer nicht.

»Sie sind gekommen, Mylene zu holen.«

Die beiden Männer musterten sich schweigend. Frank schüttelte ratlos den Kopf. Er lächelte und spürte, daß sein Lächeln reichlich hilflos war. Verlegen schöpfte er mit hohlen Händen Wasser vom See und ließ es über sein verschwitztes Gesicht laufen. Er sah zu dem Mann auf, der schweigend in der großen Stille seines Waldes stand. Leichte Wellen klatschten auf die kleinen runden Ufersteine. Baumwipfel erlaubten dem Wind, in ihnen zu spielen. Vögel lärmten im Gebüsch.

»Nein«, sagte Frank schließlich, »an Abholen habe ich nicht gedacht.«

Der Alte schwieg.

»Ich bin gekommen, Mylene wiederzusehen.«

Verwirrt kletterte er ans Ufer.

»Ist sie da?«

»Sie ist bei Freunden in der Nähe von Red Lake.«

»Das ist doch nicht möglich! Da komm' ich gerade her!« sagte Frank enttäuscht. »Soll ich zurückfliegen und sie holen?«

»Nein«, sagte Nadowe. »Sie wird kommen, wenn sie es selber will. In drei Tagen. Bronco wird sie bringen.«

»Bronco?« fragte Frank ungewöhnlich laut. »Gestern abend habe ich mit ihm gegessen! Heute früh hat er mir sein Flugzeug übergeben!«

Der Alte blieb unbewegt.

»Er hat Mylene mit keinem Wort erwähnt«, sagte Frank.

»Haben Sie ihn nach Mylene gefragt?«

»Nein.«

Der Indianer breitete die Arme aus. Eine Geste, so alt wie die Menschheit.

»Trotzdem. Er hätte mir sagen können, daß er wußte . . .«

»Nur Toren sagen alles, was sie wissen«, unterbrach ihn der alte Mann. Er lächelte: »Willkommen in meinem Camp. Falls Sie bleiben wollen.«

Frank blieb. Die Lodge bestand aus drei Blockhäusern, die Nadowe schon vor dreißig Jahren gebaut hatte. Dicke Baumstämme, roh zusammengefügt. Kleine Fenster und niedrige Türen. Dachschindeln aus dünn gespaltenem Holz. Zwei der Hütten waren größer im Ausmaß, für Gäste gedacht, passionierte Jäger und Angler, reiche Leute aus den Städten im Südosten des Landes. Die dritte Hütte sah praktischer aus. Sie hatte einen neuen Anbau für Vorräte und eine Werkstatt. In dieser alten Hütte wohnte der Indianer. Die Kammer für Mylene befand sich unter dem gleichen Dach.

Frank konnte unter den beiden Gästehäusern wählen. Er war der einzige Besucher.

In der zweiten Septemberhälfte wurde es schon allmählich kühler. Der vielbesungene Indianersommer ging seinem Ende entgegen.

»Die schönste Zeit des Jahres«, sagte der Alte glücklich. »Wie geschaffen für mich selbst. Und für Mylene, wenn sie kommt, um ihren Urlaub mit mir zu verbringen.«

Der Platz für die Lodge war geschickt gewählt: nach Süden offen und nach Norden hin durch eine steil ansteigende Hügelkette vor den eisigen Nordwinden geschützt.

»Wie kalt kann es hier werden?« fragte Frank.

»40 Grad Celsius sind keine Seltenheit«, antwortete Nadowe.

Hinter den Hütten sprudelte eine armdicke Quelle aus dem Waldboden und bahnte sich ihren Weg an Ahornbäumen und Kiefern vorbei zum See.

»Sie friert nie ein«, sagte Nadowe. »Selbst im kältesten Winter nicht. Die Temperatur des Quellwassers bleibt ständig gleich. Acht Grad. Wenn es sie nicht gäbe, könnte hier niemand leben.«

Es sah nach einem guten Leben aus, ein Leben in einer Schönheit von Farben, für die der Mensch keine Worte finden kann. Deshalb wagen sich seine Maler nur zögernd an das flammende Rot, das lichte Gelb des Herbstes, und wenn sie es tun, zerbrechen sie diese Farben, denn sie wissen, daß sie Gleichwertiges nicht schaffen können. Seine Fotografen nehmen Birkenwälder nur in schwarz-weiß auf, denn sie fürchten sich vor der Bläue des Himmels auf ihren papierenen Abzügen.

Frank kannte den Herbst von den Seen bei München. Er war durch das dichte Laub des Taunus gestapft. Dieses Land jedoch war anders. Frank stand am Ufer und verlor sich in der Schönheit einer Sonne, die mit goldenen Fingern über das Wasser strich.

»Alles ist wie Gold«, sagte Frank zu dem Indianer. »Das Wasser, der Himmel und die Bäume. Es sind die Farben einer anderen Welt. Fast wie Licht als Übergang zu dem, was nachher kommt.«

Der Alte nickte.

Frank war in das Blockhaus eingezogen, das dem See am nächsten stand. Was die Natur zu bieten hatte, diente hier dem Menschen und seinen Bedürfnissen des Lebens: ein Tisch mit einer dicken Platte aus Ahorn, Hocker aus Baumstämmen, eine breite Lagerstatt mit Farnkraut und Rentierfellen anstelle von Schaumgummimatratzen. Morgens, wenn die Luft noch kalt in alle Knochen kroch und die Sonne noch nicht dazu gekommen war, den Tau vom Waldboden zu trocknen, lief Frank nackt zum Bootssteg und sprang in den See. Das Rasierwasser wärmte er auf dem Herd der Hütte.

»Sie können sich hier selbst was brutzeln«, hatte der alte Mann gesagt, »oder Sie können gern von dem essen, was ich so habe.«

So gut wie alles, was die beiden Männer an Nahrung brauchten, holten sie sich aus dem See. Oder aus dem Wald.

Sie fingen körbeweise Forellen, denn der Fisch biß hier fast auf den blanken Haken. Sie räucherten sich Lachs und Rentierschinken auf Erlenholz. Schwarze und rote Beeren gab es überall. Sie kochten Mus daraus und strichen es auf ihre Pfannkuchen. Nadowe schoß ein Schneehuhn, füllte es mit Walderdbeeren, packte es mitsamt Federn in Lehm und deckte Glut und heiße Asche auf den Klumpen. Nach zwei Stunden war der Vogel gar. Die Federn hatten sich im Lehm festgebacken und blieben an der harten Form hängen. Das Fleisch war butterweich und hatte einen fremdländischen Geschmack von ganz besonderem Reiz.

Frank war voller Unruhe an den Waldsee gekommen, doch schon am zweiten Abend erwähnte er seinem Gastgeber gegenüber, daß die Rastlosigkeit von ihm abgefallen sei.

Nadowe nickte. »Das sagen alle, die zu mir kommen. Doch schon nach gar nicht langer Zeit der Ruhe setzt eine Rastlosigkeit im umgekehrten Sinne ein: es wird ihnen in der Einsamkeit zu ruhig.«

»Trifft das auch auf Mylene zu?«

Einen ganzen langen Tag hatte Frank den Namen nicht aussprechen wollen.

»Nein. Mylene ist anders.«

»Kommt sie tatsächlich jedes Jahr hierher?«

»Seit ihrer Geburt.«

Der alte Mann sah seinen Besucher aus den Augenwinkeln an. »Sie scheinen nicht viel über Mylene zu wissen.«

»Nein«, sagte Frank. »Gar nichts. Leider.«

Nadowe nahm kochendes Wasser von dem gußeisernen Herd und goß einen Tee auf.

»Mögen Sie lieber einen Whisky?« fragte er.

»Brennen Sie den aus Kräutern hier vom Wald?« lachte Frank.

»Meine Gäste lassen oft ihre Vorräte hier zurück. Manchmal bringt auch Bronco eine Flasche mit, wenn er Mehl, Milchpulver, Reis, Kartoffeln, Salz und Zucker herbeischafft. Wenn Bronco über Nacht bleibt, trinkt er die Flasche meistens selber aus.«

Der Alte holte Bourbon und einen zerbeulten Becher aus dem Schrank.

»Vor fünfundzwanzig Jahren ist ein junger Mann aus Quebec hier vorbeigekommen. Ein Glückssucher. Sein Name war Pierre Malparte. Er war auf dem Weg nach Norden, denn es hieß, man habe dort Uran gefunden. Er sah meine Tochter und blieb. Der Missionar vom Wapikopa hat sie getraut.«

Frank schöpfte Wasser für seinen Whiskey aus dem Eimer neben der Tür.

»Im Frühjahr darauf kam Mylene zur Welt. Pater Jonathan paddelte in seinem Kanu noch einmal hierher, um sie zu taufen«, sagte der Alte. »Soviel ich weiß, lebt der gute Mann noch. Ich habe ihn nie wiedergesehen, denn ich bin schon ewig nicht mehr am Wapikopa gewesen.«

Er setzte sich zu Frank an den Küchentisch und nahm einen vorsichtigen Schluck von dem heißen Tee, der nach Kräutern roch. »Sind Sie katholisch?«

»Nein«, sagte Frank.

Der Alte nickte. Er schien die Antwort erwartet zu haben.

»Wo leben Mylenes Eltern jetzt?« brach Frank das Schweigen.

»Sie leben nicht mehr«, sagte Nadowe. »Das Baby war kaum vier Monate alt, da sind sie beide nach Norden gezogen. Pierre wollte reich werden. Das Uran machte ihn unruhig. Meine Tochter soll ihm beim Schürfen geholfen haben. Bevor sie finden konnten, wonach sie suchten, setzte der große Regen ein. Ein Bergrutsch hat die beiden unter sich begraben.« Er bekreuzigte sich. »Mögen sie in Frieden ruhen.«

Frank ging in den kalten Abend hinaus und holte Holz zum

Nachlegen. Als er die Herdringe beiseite schob, leckte das Licht flackernd an seinem Gesicht und malte unruhige Muster auf die hölzerne Zimmerdecke.

»Haben Sie das Baby ganz allein aufgezogen?« fragte er.

Der Indianer schüttelte den Kopf. »Die ersten drei Jahre im Leben der kleinen Mylene konnte sich meine Frau noch um das Kind kümmern. Dann ist auch sie von uns gegangen. Ich dachte, sie sei noch nicht alt genug zum Sterben. Aber im Wald gibt es keine Ärzte. Sie hat mir zu spät von ihren Schmerzen gesprochen. Die Fahrt im Jeep nach Red Lake ist lang. Wir haben das Hospital nicht mehr rechtzeitig erreicht. Friede auch ihrer armen Seele.«

An jedem Tag schwamm Frank bereits mit dem ersten Licht der aufgehenden Sonne im See. Nebelschwaden lagen auf dem Wasser und ließen sich mit dem Aufsteigen zu den Baumkronen sehr viel Zeit.

Am dritten Tag roch es bereits nach Kaffee, als der alte Mann die Wolldecken der Nacht über eine Leine am Geräteschuppen hängte. Er blieb am Küchenfenster stehen.

»Sie brauchen wirklich nicht zu hasten. Mylene kommt nicht vor Nachmittag«, sagte er schmunzelnd.

Nach dem Frühstück saßen die beiden Männer mit dem Rücken gegen die Hüttenwand auf dem Waldboden und dösten in die Sonne.

»Ich hätte große Lust, hierher zu kommen und in diesem Land zu leben«, sagte Frank leise.

Nadowe schnaubte verächtlich durch die Nase.

»Nicht um Mylene von Ihnen fortzunehmen«, sagte Frank schnell, »und im Norden nach Uran zu suchen.«

»Sondern?«

»Frank öffnete die Augen und sah sich um. »Sondern um zu leben.«

»Ich glaube, daß Sie stark sind«, sagte Nadowe, »aber die Wildnis ist stärker.«

»Ich würde hier fliegen. Wie Bronco«, sagte Frank. »Als Postflieger, Buschpilot. Ich hätte Ihre Frau lebend zum Hospital gebracht.«

»Möglich«, sagte der Alte. »Sie sind ein Mann für Maschinen. Als wir den Karibu gestern aus dem Wald holten, habe ich es gemerkt. Sie haben die Unregelmäßigkeit im Lauf des Motors in meinem Jeep sofort gehört. Aber für die Geräusche des Waldes sind Sie taub.«

»Ich könnte bei Ihnen in die Schule gehen . . .«

Nadowe überhörte die ausgestreckte Hand, die sich hinter dem Satz verbarg.

»Buschpilot, das ja«, sagte er. »Sie würden ein guter Flieger in diesem Land hier werden können. Aber Sie werden es nicht tun. Das ist ein Schritt, den Sie nicht gehen.«

»Warum nicht?«

»Sie sagen das nur, weil Mylene hier aufgewachsen ist.«

»Mir gefällt es hier«, sagte Frank. »Ich würde wirklich gern hier leben.«

»Weil Sie der Frau einen Gefallen tun wollen, von der Sie glauben, daß Sie sie lieben.«

Frank antwortete nicht. Er dachte über die Wahrheit nach, die in den Sätzen des Alten lag.

»Ein Mann sollte nicht in der Vergangenheit seiner Frau wohnen wollen. Das kann nicht gutgehen. Eines Tages findet der Mann zu sich selbst zurück. Dann zieht er seine Jacke an und verläßt das Haus.«

Die Sonne wanderte schon nach Westen ab, als Frank das Flugzeug hörte. Die beiden ungleichen Männer saßen mit ihren Angeln im Kanu.

»Da kommen sie«, sagte Frank und deutete nach Süden.

»Sie haben gute Ohren«, sagte sein Begleiter.

»Für Motoren«, lächelte Frank.

Eilig paddelten die Männer zur Lodge zurück.

Die gelbe Cessna setzte ihre Schwimmer auf das Wasser, bevor Frank den Landungssteg erreichen konnte.

Als erster ließ sich Bronco sehen. Er kletterte auf die Schwimmer und ließ das Flugzeug bei abgestelltem Motor an der anderen Cessna vorbei dem Ufer entgegentreiben. Kurz vor dem Steg bremste er die Fahrt mit einem Anker an kurzer Leine. Er lief nach vorn unter die Fläche.

»Können Sie fangen, Wunderkind?« brüllte er und warf Frank den Tampen zu. Der alte Mann wartete am Ufer. Aus dem Flugzeug kam ein Schrei.

»Gramps!«

Frank band die Leine am Poller fest und sah Mylene aus der Maschine klettern. Er nahm jede Bewegung der Frau auf, die er nur ein einzigesmal gesehen hatte und seitdem nicht vergessen konnte. Mit nackten Füßen ließ sich Mylene vom Sitz auf den Schwimmer gleiten. Vorsichtig hielt sie sich an dem Flächenholm des Hochdeckers fest.

»Gramps!« rief sie noch einmal. In der Hand, mit der sie ihm zuwinkte, trug sie ihre Schuhe.

Nadowe warf beide Arme voller Freude in die Luft.

Bronco sagte dem Mädchen etwas ins Ohr und deutete mit ausgestrecktem Arm auf Frank.

Ungläubig betrachtete Mylene den Mann auf dem Steg. Er stand im Gegenlicht. Sie konnte sein Gesicht nicht erkennen und wollte näher zu ihm hin. Mit einer langsamen Bewegung nahm sie ihren weiten Rock bis zu den Schenkeln auf und wollte in das Wasser steigen. Die Welle, die das Flugzeug bei der Landung wie eine Ackerfurche durch den See gezogen hatte, erreichte in einer langgezogenen Front die Bucht. Sie stürzte sich klatschend über die Schwimmer und riß dem

Mädchen die Beine weg vom sicheren Halt. Mit einem hellen Aufschrei fiel Mylene in den See. Bronco verlor das Gleichgewicht bei dem Versuch, sie aufzufangen, und stürzte ihr rückwärts hinterher.

»Halleluja!« schrie Gramps am Ufer voller Freude.

Frank hechtete vom Landungssteg und prallte in ganzer Länge auf den Grund. Benommen rappelte er sich auf. Bronco prustete wie ein Walroß. Mylene war als erste wieder auf den Beinen. Gramps hüpfte auf und ab. Voll kindlicher Freude schlug er die Hände zusammen und rief: »Reingefallen! Reingefallen!«

Frank wischte sich den Schlamm aus den Augen und sah, daß ihm das Wasser nur bis zu den Knien reichte.

Gramps steckte mit seinem Lachen alle an.

»Herzlich willkommen«, lachte Mylene.

Frank streckte die Arme hilflos aus. »Ich hatte mir unser Wiedersehen anders ausgemalt«, lachte er.

»Ich mir auch«, sagte Mylene und wich seinem Blick nicht aus. Die Wimperntusche kritzelte vier absurde Striche in ihr Gesicht.

Er sah sie an und wußte, hier ist *sie*. Endlich.

»Sie bluten aus der Nase«, sagte Mylene besorgt.

»Ich wollte Sie wiedersehen«, sagte Frank.

Das Mädchen nickte.

»Haben Sie das gewußt?« fragte er.

»Ich habe es mir gewünscht«, sagte Mylene.

Das Feuer, das sie am Abend zwischen den Hütten anzündeten, war ein Freudenfeuer. Bronco hatte die traditionelle Flasche mitgebracht und nahm große Schlucke aus seinem Emaillebecher. Er versorgte Gramps mit Geschichten, die er zwischen seinen Flügen in dem weiten Land aufgelesen hatte. Bronco diente den Menschen in den Wäldern als Nachrichtendienst. Selbst Gerüchte gab er mit Überzeugung weiter. Mylene sagte nicht nein, wenn die Flasche auf ihrer Runde bei ihr vorbeikam. Wenn Frank durch die Flammen sah, begegneten ihm oft ihre Augen. Mylene saß eng an ihren Gramps geschmiegt. Ihr Kopf lag auf seiner Schulter.

Der Himmel war sehr dunkel und kam den Menschen nahe. Die Sterne setzten sich auf die Wipfel der höchsten Bäume.

Bevor sie sich schlafen legten, schwammen sie. Mylene ging zum Ufer, streifte Pullover, Rock und Bluse ab und watete ins Wasser.

Frank sah ihr nach. Ihr nackter Körper war ein Teil des Waldes. Ihre Nacktheit war nicht nackt. Frank zog sich aus und ging zum Ufer.

»Es ist herrlich«, rief sie, »gar nicht kalt.«

Bronco entledigte sich seiner Kleidung hinter den Büschen.

»Er will nur, daß wir seinen dicken Bauch nicht sehen«, schrie Gramps und spritzte Wasser über seinen mageren Körper, bevor er sich ins Dunkle fallen ließ.

Frank mußte lange schwimmen, bevor er das Mädchen in der Mitte der Bucht wiederfand. Sie wartete auf ihn. Er zog sie an sich. Das Wasser war nicht tief. Sie legte ihre Arme um seine Schultern. Beide spürten die fordernde Wärme ihrer Körper unter der Kühle der Haut.

Schweigend nahm er ihr Gesicht in seine Hände. Ohne Zögern öffneten sich ihre Lippen. Sein Kuß wurde zu ihrem Kuß.

Als sie zum Feuer zurückkamen, wartete Gramps mit Tüchern und Decken. Sie wärmten sich an den Flammen und ließen die Flasche noch einmal kreisen. Dann wurde es Zeit, schlafen zu gehen, und Mylene folgte dem alten Mann in die Hütte. Der Blick, den sie für Frank hatte, war voller Liebe.

Sie blieben nur wenige Tage in der *Nadowe Fishing Lodge*. Als sie wußten, daß sie sich lieben wollten, verstauten sie ein Zelt, Lebensmittel, Wasser, Töpfe, Messer und eine Axt in dem Kanu und paddelten nach Osten. Mylene drehte sich ein paarmal um. Der Landungssteg blieb leer. Gramps winkte ihr nicht nach.

Sie paddelten den Takipy entlang nach Osten, ließen sich den Asheweig flußabwärts treiben und errichteten ihr Lager an dem großen Knick des Winisk River. Sie ließen sich Zeit. Mylene hatte viel von ihrem Großvater gelernt. Die Wildnis war ihr Zuhause. Jeden Tag zeigte sie dem Mann aus der Stadt etwas Neues: fischende Otter, Biber, die dabei waren, eine Kolonie zu gründen. Einen Stein aus Kristall, der wie ein abstrakter Stern aussah. Es gelang ihr, mit der Schleppangel vom Kanu aus einen Namaycush zu fangen. Sie grillten ihn über der heißen Asche ihres Feuers.

Eines Abends erinnerte die Fliegeruhr an Franks Handgelenk daran, daß es auch für Liebende ein Datum gab.

»Die Iren haben ein schönes Sprichwort«, sagte Mylene und schlüpfte zu Frank in den Schlafsack: »Als Gott die Zeit machte, hat er viel davon gemacht.«

Er schloß ihren Mund mit einem langen Kuß. Am nächsten Morgen brachen sie das Lager ab.

Der Rückweg flußaufwärts war anstrengend. Nach drei Tagen erreichten sie glücklich, müde und sonnenverbrannt die Fishing Lodge. Mylene verbrachte die letzte Nacht nicht in ihrer alten Kammer.

Beim letzten Frühstück war Gramps sehr schweigsam. Er kam auch nicht mit zum Steg.

»Ich werde versuchen, nur noch die Frankfurter Route zu bekommen«, sagte Mylene.

»Wenn man dich nach London schickt, komm' ich auch da schnell hin«, sagte Frank. Nie war ihm ein Abschied schwerergefallen. Alles sah unwiederbringlich aus. Er holte eine Visitenkarte aus seiner Brieftasche. »Ruf mich an, bevor du kommst.«

»Das ist wie an Bord, bei Passagieren Erster Klasse«, sagte sie und nahm das Kärtchen. »Rufen Sie mich mal an, Kleine, wenn Sie in meine Stadt kommen. Ich weiß da ein paar gute Restaurants . . .«

Sie hob ihm ihre Lippen entgegen. Er hauchte einen Kuß darüber. Es war ihm nicht nach Kuß zumute. Er kletterte ins Cockpit und ließ den Motor an. Mylene zog sich noch einmal auf den Schwimmer hoch.

»Ich habe vergessen, dir meine Telefonnummer zu geben!« rief sie aufgeregt.

»Toronto neun sechs vier, eins vier, null zwei«, sagte Frank.

Mylene sah ihn überrascht an.

»Auswendig gelernt«, sagte Frank und gab ein wenig Gas.

Langsam schob sich das Flugzeug auf den See hinaus. Mylene blieb ein Weilchen an dem Schwimmer hängen. Dann sah sie ein letztes Mal zu ihm hoch und ließ sich in das Wasser fallen.

Das Flugzeug brauchte lange, bevor es richtig Fahrt aufnahm. Es rumpelte und polterte durch die Wellen und hob bei dem Steg ab, auf dem Mylene mit nassen Kleidern und winkenden Armen stand. Frank drehte sich noch einmal um, aber er konnte sie nicht mehr finden. Sie war plötzlich zu klein geworden, und die Sonne blendete ihn, und er schaltete das Funkgerät ein und sagte, daß er gestartet sei.

Ich bin Don Quijote unähnlich-ähnlich:

Als Frank noch lebte, war er die Armee, aus deren Umklammerung ich Dich befreien mußte. Jetzt ist er tot, und ich weiß nicht, wie ich die Windmühlenflügel Deiner Vergangenheit besiegen soll.

9

Einer Fliege war es gelungen, sich durch den Vorhang aus Plastikperlen zu schmuggeln. Sie setzte sich auf die Stirn des alten Mannes und wartete, daß er nach ihr schlüge. Gramps ließ die Fliege, wo sie war.

Der dicke Besitzer räumte die Teller mit den Gräten ab und fragte, ob er Kaffee bringen solle. Als alle nickten, aber keiner zu ihm sprach, zog er den Kopf zwischen die Schultern und schmollte zurück in seine Küche.

»Frank hat mich nur besucht«, sagte Mylene zu dem Alten an ihrer Seite. »Er hat sich keine Adlerfedern übergestülpt, um mich deinen schützenden Armen zu entreißen.«

»Stück für Stück hat er dich genommen«, sagte Gramps. »Es ist kein schöner Sommer gewesen.«

Mylene schwieg.

»Er hat das Kanu bereitgemacht, und du bist ohne Widerspruch mit ihm gegangen. Ihr habt euch flußabwärts treiben lassen. Du hast die Welt um dich herum nicht mehr gesehen. Es gab nur noch ihn. Ich blieb zurück und dachte an die Jahre vorher, als dich niemand von mir trennen konnte.«

»Bist du nie verliebt gewesen?« fragte Mylene. Auf ihrer Stirn stand eine steile Falte.

»Schon«, sagte Gramps. »Doch das ist lange her. Und Menschen waren anders miteinander, damals. Ich hatte ein Mädchen in der Missionsschule gesehen. Der Tau lag noch auf ihr. Ich habe sie geheiratet.«

»Frank hat mich nicht von dir getrennt«, sagte Mylene.

»Doch«, sagte der alte Mann. »Du bist keinen Sommer mehr zu mir zurückgekommen.«

Ich sah auf die Uhr. Mir blieb nicht mehr viel Zeit.

»Ihr habt mir Postkarten geschrieben«, sagte Gramps.

»Ja«, lächelte Mylene. »Aus Frankfurt, London. Und einmal auch von einer Skihütte in den Alpen.«

»Als er das letzte Stück von dir genommen hatte . . .«, sagte der Alte.

»Großvater, hör endlich auf!«

Nicht Gramps. Großvater. Mylene sah zornig aus.

»Hat er dich je gefragt, ob du ihn heiraten wolltest?« fragte der Mann unbeirrt.

»Nein.«

Dem knappen Wort wurde kein anderes hinzugefügt. Der Alte mußte warten.

»Er brauchte nicht zu fragen«, sagte Mylene. »Er wußte, daß ich ja gesagt hätte.«

Der alte Mann besah sich seine Hände, die verschlungen auf dem Blümchenmuster der Wachstuchdecke lagen. »Du solltest nicht so sprechen. Das klingt nach den Frauen in den Städten . . .«

»Vergiß nicht, Gramps, daß ich eine von diesen Frauen in den Städten bin! Ich lebe nicht bei dir im Wald! Ich bin nicht Großmutter! Ich arbeite wie die anderen Frauen in den Städten. Ich liebe, wie die anderen Frauen lieben!«

Sie trank ihr Glas leer, wie ein Mensch trinkt, der verdurstet.

»Die Frauen in den Städten«, sagte Gramps, »wollen die denn niemals Kinder haben?«

»Doch«, sagte Mylene und sprach nicht weiter.

»Ich habe keinen Tomahawk in meiner Hütte«, sagte Gramps zu mir und lächelte verschmitzt, »es kommt ganz selten vor, daß ich mich nackt ausziehe und auf den Kriegspfad gehe . . . aber in manchen Dingen kann ich nicht aus dieser alten roten Haut. Ich habe voller Ungeduld den Tag herbeigesehnt, an dem Mylene das erste Kind bekommen würde. Zu einer Familie gehören Großeltern, Eltern und Kinder. Drei Generationen. Ich werde Mylenes Kindern beibringen, wie man im Wald lebt. Wie man auch ohne Streichhölzer Feuer machen kann. Wie man auch ohne Gewehr Vorräte für den Winter anlegt. Sie sollen alles lernen, was ich weiß. Nichts darf verlorengehen. Keine Erfahrung darf abhanden kommen. Indianer schreiben niemals etwas auf. Wir erzählen alles weiter. Wie aber – wenn es kein Kind mehr gibt, das zuhört?«

Der dicke Wirt brachte den Kaffee. Als er sah, daß die Fröhlichkeit den Tisch verlassen hatte, wurden wir wieder zu dem, was wir anfangs gewesen waren: Fremde. Der Kaffee war türkisch und sehr süß.

»Frank wäre nicht der Richtige für dich gewesen«, sagte der Alte.

»Nein?« fragte Mylene mit einer Kraft, die von ganz tief innen kam. »Und warum nicht?«

»Er wollte keine Kinder.« Der Tonfall war verächtlich.

Mylene lehnte sich zurück und schloß die Augen.

»Woher willst du das wissen?« fragte sie dann.

»Ich weiß es.«

»Du weißt alles«, sagte Mylene. »Stück für Stück zieht der Adler wütend seine quadratischen Kreise . . .«

Der alte Mann ließ ihren Zorn beiseite. »Drei lange Tage haben wir auf dich gewartet. Er und ich. Wir sprachen über dies und jenes. Ich habe ihn nichts gefragt. Trotzdem: von einem Mann kann man in wenig Zeit sehr viel erfahren. Er sagte, daß es unverantwortlich sei, rücksichtslos geradezu, Kinder in eine Welt wie die unsere zu setzen. Er sagte, es sei eine beschissene Welt. Wir saßen auf den Steinen am See, und das ganze Land war wie Feuer. Die Farben des Herbstes malten Flammen in den hellen Himmel. Wir fingen einen großen Fisch und aßen ihn zu Abend. Bei Dunkelheit hockten wir vor dem Herd. Es war warm. Wir waren satt. Wir sprachen, wie zwei Männer miteinander sprechen, und er sagte ›beschissene Welt‹. Er wartete auf ein Mädchen, das er zu lieben glaubte, und hatte trotzdem ein häßliches Wort für die Welt, in der dieses Mädchen lebte. Er sagte, er wolle keine Kinder. Ich habe geschwiegen und nur mich selbst gefragt, warum er das, was er am Tag erlebt hatte und auch den Tag zuvor – das Feuer, das Gespräch, die Farben der Bäume, die Trägheit am Abend, die Kühle des Wassers, den Kampf mit dem Fisch – warum er das alles den Ungeborenen vorenthalten will.«

Ich trank den Kaffee. Der dicke Satz kam mir zwischen die Zähne und war wie Schlamm mit Zucker.

»Er wollte dich ganz für sich allein haben«, sagte Gramps, »dieser Mann wußte sehr wohl mit vollen Händen zu nehmen. Vom Geben hielt er nicht viel.«

»Das stimmt nicht«, sagte ich.

»Er ist tot«, sagte Mylene.

»Gott sei seiner Seele gnädig«, sagte der Indianer.

Wir schwiegen lange. Ich spürte mit einem Male den Schmerz, der vom langen Sitzen kommt, und sah die tickenden Minuten des Heimweges sechzigmal pro Stunde vor mir auf der Borduhr sitzen. Ich mußte meine Glieder strecken. Als ich aufstand, dachte der israelische Besitzer, wir wollten gehen.

»Nachdem die Trauerfeier endlich vorbei ist, offeriere ich einen Cognac«, sagte er.

»Nicht für mich«, sagte ich. »Ich muß noch fahren.«

Mylene lachte. Ich fing das Lachen auf wie ein Geschenk

und erlaubte dem alten Waldmenschen nicht mehr, es mir zu nehmen.

»Ihre Meinung über Frank kann ich nicht teilen«, sagte ich. »Fast alle Flugzeugführer, die ihn kennen, denken anders.«

Die Lider des alten Kerls hingen schwer über seine Augen.

»Sie haben Ihr Wissen um die Fische im Fluß an Mylene weitergegeben«, sagte ich zu ihm. »Frank hat uns sein Wissen um etwas anderes hinterlassen: um das Schwimmen im Himmel.«

Mylene sah mich erstaunt an. An ihren Augen war zu lesen, was sie dachte. Solche Worte paßten nicht zu mir. Der Mann vor mir hatte so gesprochen.

»Wir hätten mehr Zeit füreinander haben müssen«, sagte Mylene. Es hörte sich an, als würde sie zu sich selbst sprechen. »Zu oft sind wir aneinander vorbeigeflogen.«

»Ja«, sagte ich. »Wir anderen haben es gewußt. Wir haben euch Namen gegeben: *Hero und Leander*. Ich hab' es in der Schule gelernt: Leander ist jede Nacht durch eine Bucht geschwommen, um seine Hero zu sehen. Als Navigationshilfe hat sie eine Kerze in ihr Fenster gestellt. Oder war Hero der Mann und hieß die Frau vielleicht Leander? Egal. Sicher ist, die beiden hatten es schwer, zusammenzukommen.«

»Wenn wir uns für Frankfurt verabredet hatten, schickte Frank einen Piloten zum Hotel mit der Nachricht, man hätte ihn vorübergehend nach Arizona versetzt.« Mylene sah mich an. »Oder man nahm mich auf *standby*, und eine andere Hosteß flog an meiner Stelle nach London, wo Frank wartete.«

»Zu der Zeit gehörte Frank schon lange nicht mehr der Luftwaffe an«, erklärte ich dem Mann aus den Wäldern. »Er flog für die Delta-Werke. Als Testpilot. Manchmal mußte er mit uns Übungsschießen machen. Oder er landete in unserem Fliegerhorst, um uns Neuerungen an den Apparaten zu zeigen. Kurz und gut: der Kontakt war nie abgebrochen. Frank hat den anderen natürlich nichts erzählt, aber alle Piloten meiner Staffel wußten es: Hero hatte ihre Kerze in das Fenster einer DC 10 der Air Canada gestellt . . .«

Ich sah, daß sie wieder lachte, und war zufrieden.

»Mister Nadowe«, sagte ich zu dem alten Mann, »Sie haben keine Ahnung, was wir damals alles angestellt haben! Jeder von uns war auf der Suche nach Ihrer Enkeltochter! Ich könnte Ihnen da ein paar Geschichten erzählen . . .«

»Bitte, erzählen Sie«, sagte Gramps. Er sah mich flehentlich an. Das einzige Kind, dem er noch einen Kurs angeben konnte, war Mylene. Doch sie hörte ihm nicht mehr zu. Er wollte die Verstimmung zerreißen, zudecken, wegwerfen, unwichtig sein lassen und konnte es allein nicht schaffen.

»Applaus für Alexander Wenthoff, meine Damen und Herren!« rief ich zu den leeren Tischen neben uns. Ich sah, daß Mylene mir dankbar war. »Er wird ganz speziell jetzt Herrn Gramps eine Geschichte erzählen.« Der Alte klatschte in die Hände, und ich begann:

An einem Tag, von dem Piloten sagen, daß das Wetter zum Küssen sei, zieht eine DC 10 von Westen ein. Weit über ihr kontrolliert Paulchen Sedlmaier ein Planquadrat im Luftraum. Er sieht das Linienflugzeug, findet, daß es mit der Langeweile endlich ein Ende habe, und kippt über die Fläche ab. Der Sturzflug macht ihm Spaß, und beim Abfangen kommt er dem Eindringling recht nahe. Er kann die Beschriftung *Air Canada* an Rumpf und Flächen lesen.

Paulchen ruft den Kontrollturm: »*Alpha Eight* an Control. Wer ist im Turm?«

»Leutnant Zimmermann an *Alpha Eight*. Was soll die Frage?«

»Zimmermann, du mußt sofort den Mann verständigen, der unsere Raketen mit Notsitz einfliegt. Du weißt, wen ich meine . . .«

»Roger, *Alpha Eight.* Was ist die Nachricht?«

»Nachricht lautet: *Squaw mit Ahornblatt im Anflug auf Frankfurt.*«

»Hör zu, Paulchen«, sagte Zimmermann, »ich ruf' Frank an. Aber wenn das der Steuerzahler erfährt, gibt's mindestens 'ne kleine Anfrage der Opposition ...«

Die Geschichte war kurz, und der Alte wischte sich mit seiner fleischigen Hand über die Stirn. Ich hatte eigentlich keine Lust mehr. Meine Schuhe drückten, und es war Zeit zu gehen.

»Erzählen Sie uns noch eine Geschichte«, bat Mylene.

Ich brauchte nicht lange nachzudenken:

Wir sitzen im Bereitschaftsraum, trinken Kaffee, und Oberst Bertram sagt: »Die Luftlinien haben eine neue Frequenz, auf der sie sich miteinander verständigen können, ohne über die Kontrolltürme zu gehen. Aber das ist ja für uns wohl kaum von Bedeutung, oder?«

»Ohne jede Bedeutung«, sagt Heinz Wuttig.

»Ich kann mir die Frequenz ja auf alle Fälle mal notieren«, sage ich.

»Kann nie schaden«, sagt der lange Bertram. »Die magische Zahl ist 325,8.«

Schon am nächsten Tag kommt mir die Air Canada vor den Bug. Weit unter mir ist das Rheintal. Ich ziehe einen auffallenden Kondenzstreifen hinter mir her. Eine blütenweiße Furche in einem blauen Acker. Auf meinem Kniebrett steht die Zahl: 325,8. Ich drehe sie ein.

»Air Canada von Erzengel Gabriel. Haben Sie Miß Malparte an Bord?«

Klar, daß dem Kapitän die Pfeife aus dem Mund fällt. Er braucht nicht lange, bis er meinen Kondenzstreifen weit oben ausgemacht hat. Aber er nimmt sich Zeit mit der Antwort.

»Wiederholen Sie Ihre Frage, Erzengel Gabriel.«

»Eine Stewardeß. Die Schönste, die es bei Ihrem ehrwürdigen Unternehmen gibt.«

»Name?« fragt die Stimme von ganz tief unter mir.

»Malparte. Ich buchstabiere: Mike ... Alpha ... Lima ...«

»Nein«, unterbricht der Kanadier. »Auf unserer Crewliste steht sie nicht, Freund Gabriel. Wir haben keine Miß Malparte an Bord.«

»Schade«, sage ich. »Mir wäre es lieber gewesen, Sie hätten Miß Malparte an Bord ...«

Der Kanadier lacht in meinen Kopfhörern. Laut. Und richtig herzlich.

»Erzengel Gabriel!« rief der Indianer und schlug mit flachen Händen auf den Tisch. In seinen Augen standen Tränen.

»Herrlich! Ganz herrlich!«

»Laß mich dir auch eine Geschichte erzählen, Gramps«, sagte Mylene. Ich lief an den hellblauen Wänden hin und her. Bis zum Dunkelwerden war es nicht mehr weit. Die Zeit tickte sich aus dem Tag.

»Einmal ist Alexander so nah an uns vorbeigeflogen, daß der Copilot den Vorfall melden wollte«, freute sich Mylene, »aber der Skipper hat das nicht zugelassen. Er ist früher selbst bei der Air Force geflogen. ›Wer nicht so fliegt, wie dieser Junge hier, ist nie geflogen‹, hat er gesagt. Der Copilot war anderer Meinung. ›Der Mann hält den Sicherheitsabstand nicht ein!‹ hat er empört gesagt. ›Der Mann hält den Sicherheitsabstand *fast* ein‹, sagte der Kapitän und wollte die Sache damit beenden. Doch Alexander ist noch einmal an uns vorbeigekommen. Mit einer Rolle wollte er auf sich aufmerksam machen. Der Kapitän hat über die Lautsprecheranlage zu den Passagieren gesagt, sie sollten mal an Backbord aus den Fenstern sehen, die deutsche Luftwaffe würde eine Gratisvorstellung geben. Alle sind an die Fenster gestürzt. Einige wollten fotografieren. Aber es ging natürlich viel zu schnell. Gesehen hat kaum einer etwas. Aber aufgeregt waren sie alle.«

»Erzengel Gabriel!« brüllte Gramps. Er riß die Arme hoch, wollte seine Hände auf den Tisch hauen, aber er sah, daß der Tisch voller Teller war, und so sagte er nur noch einmal: »Gabriel!«

Dann schwieg er eine Weile, lachte noch einmal auf und sah mich an. »Warum fliegen Sie nicht einmal bis zu mir?«

»Schwierig«, sagte ich.

»Sie werden mich besuchen kommen«, sagte er und schloß das Thema ab. »Ich weiß es.«

Mein Bedürfnis, ihn zu besuchen, war nicht groß. Soll das Land so schön sein, wie es will. Von der Jagd habe ich noch nie viel gehalten, und Fische mag ich nur, wenn sie gut zubereitet auf meinem Teller liegen.

Ich stellte mich hinter Mylene und legte meine Hände auf ihre Schultern.

»Gramps«, sagte ich, »Mylene muß nach Hamburg kommen.«

Sie drehte sich nicht unter meinen Händen fort. »Unmöglich«, sagte sie mit einer Stimme, die so heiser wie die des Alten war. Seine Augen wanderten von meinen Händen zu ihrem Gesicht. Ich konnte ein Lachen nicht beiseite schieben, das aus meiner Sorge kam.

»Warum lachen Sie?« wollte Gramps wissen.

»Weil ich Mylene und mich mit ihren Augen sehe. Alles, was noch fehlt, ist eine hölzerne Fotografenkiste. Ich sehe schon das Bild: die junge Schöne schaut ernst in eine ungewisse Zukunft. Ihr Ulanen-Leutnant steht hinter ihr. Besitzergreifend liegen seine Hände auf den Schultern der jungen Braut. Von meinen Großeltern gibt es ein solches Bild.«

»Warum wollen Sie, daß Mylene zu Ihnen kommt?« fragte Gramps.

»Wir brauchen ihre Aussage vor der Untersuchungskommission.«

Der alte Mann sah verloren aus. Er wurde kleiner in seinem Stuhl.

Mylene war wie versteinert.

»Die Sachverständigen sind bei der Analyse des Mannes angekommen. Sie zerlegen Frank in Einzelteile. Wenn sie damit fertig sind, wandern sie zum nächsten Fall. Die Scherben bleiben liegen.«

»Es ist zu früh«, sagte Mylene.

»Wird eine Frau als Zeuge zugelassen?« fragte Gramps.

»Wer darf sie ablehnen, wenn ich sage, daß dies der Mensch ist, der ihm am nächsten war?«

»Das ist richtig«, sagte der Alte.

Mylene warf ihren Kopf traurig hin und her. Zum zweitenmal an diesem Tage sah ich Tränen in ihre Augen steigen. Es war das zweitemal in unserem Leben.

»Ich kann nicht über ihn sprechen«, sagte sie. »Versteht ihr das denn nicht?«

»Schlag nicht die Hände vors Gesicht, mein Kind, wenn es um die Seele eines Toten geht«, sagte der Alte.

Warum können Leute mit ihrem Pathos nicht alleine leben? Ich gab Mylene mein Taschentuch. »Es ist ein wenig verschwitzt vom Flug«, sagte ich.

»Danke«, sagte Mylene, ohne mich anzusehen.

»Gehen Sie in Gottes Namen heim«, sagte der alte Mann, »Mylene wird nicht lange auf sich warten lassen.«

10

Stationen eines Nachtfluges.

Mittelmeerküste: Der Abend wollte Abschied nehmen, doch die Sonne besah sich noch ein wenig voller Selbstgefälligkeit im Meer. Ihre letzten Strahlen in der Farbe matten Messings malten Regenbogen auf die Kanzeln meiner schwerbewaffneten Begleiter. Schweigend waren sie neben mir über die Wüste geflogen, und schweigend geleiteten sie mich aufs Meer hinaus. Als wir die Grenze ihres Hoheitsgebietes erreichten, der die langgezogene graue Dünung keinerlei Beachtung schenkte, ließ sich die Phantom zu meiner Rechten in einem weiten Halbkreis dem Wasser entgegenfallen, und die Besatzung an Backbord legte ihre Hände grüßend an die Helme. Die Israelis flogen heimwärts. Ich sah ihnen noch ein Stückchen nach.

Kreta: Lange, bevor ich die Insel sehen konnte, machte ich ihre hohen Berge auf dem Schirm meines Radargerätes aus. Dunkelheit fiel wie ein großes Tuch über die Weite des Wassers. Es wurde Zeit, auf Sicherheitshöhe zu gehen.

Für den Heimflug hatte ich eine neue Bezeichnung erhalten.

Der reitende Bote des Königs war seiner Würden entkleidet. *Runner One* hatte seine Schuldigkeit getan, sollte er sehen, wie er wieder nach Hause kam. Auf meinem Kniebrett stand mein neuer Name: *Sunnyboy Six.*

Ich meldete dem Turm der Kontrollzone meine Existenz in niederen Höhen und forderte Anweisungen für Instrumentenflug. Eine Stimme mit starkem griechischem Akzent schickte mich auf 12000 Meter Höhe. Oben angekommen, traf ich meine alte Bekannte wieder: die Sonne zog einen roten Strich den Horizont entlang und gab dem Himmel über mir ein dunkles, sattes Blau.

Sardinien: *Sunnyboy* war einer von vielen und mußte beim Tankwagen Schlange stehen. In dem Bereitschaftsraum des Nachtdienstes brannte nur noch eine Lampe. Auf dem Gefechtsstand fand ich einen einzelnen Oberleutnant, der mir heißen Kaffee in einen großen Becher goß. Er wollte wissen, wie es gewesen sei.

»Schön«, sagte ich. »Allerdings zu kurz.«

»Hat Sie keiner schief angeguckt?«

»Nein«, sagte ich. »Ein Mann hat Bemerkungen gemacht über die Balkenkreuze an der Maschine. Schief angeguckt hat mich keiner. Interessiert angeguckt, das ja.« Mir fiel die dicke Soldatin wieder ein. Sie hatte sich meinen Strip nicht entgehen lassen.

»Ich habe meinen Vater mal gefragt, wie das damals gewesen ist.« Der Oberleutnant balancierte seinen wackeligen Stuhl auf zwei Beinen soweit zurück, daß die Lehne gegen die große Wandkarte von Sardinien stieß. »Er hat mir erzählt, wie er eines Abends mit meiner Mutter aus der Oper kam. Auf der Maximilianstraße schlugen Männer in braunen Uniformen auf einen Mann ein, der einen Mantel über seinem Pyjama trug. Überall ringsum waren die Schaufenster der Geschäfte eingeschlagen. Meine Mutter wollte einen Polizisten rufen, aber mein Vater hat nur den Mantelkragen hochgeschlagen und hat meine Mutter fortgezogen.«

»Und zu Hause hat er dann eine Pulle Schnaps aufgemacht und sich besoffen«, sagte ich und schlürfte den heißen Kaffee.

»Ja«, sagte der Oberleutnant, »woher wissen Sie?«

Ich zog die Schultern hoch. »Mein Vater hätte sich vermutlich auch vollaufen lassen.«

Wie lange wird Mylene noch bei EL AL fliegen? Wann ist mein nächster Urlaub fällig? Wie, wenn ich demnächst das ganze kleine Land bereiste, von den Golan-Höhen bis zum Roten Meer? Mit Mylene, versteht sich. Bethlehem und Grabeskirche werden nicht auf unserem Programm stehen. Wir werden Sabras bitten, uns herumzuführen. Wir werden das Land durch die Augen der Freunde sehen, die Mylene ganz zweifelsohne dort gefunden hat.

»Was halten Sie von der Kollektivschuld?« fragte der Oberleutnant eifrig.

Ich hatte die Frage oft gehört, hatte mich selbst danach gefragt und mich gewundert, daß ich keine Schuld empfinden konnte.

»Helmut Schmidt hat in Auschwitz von *Erkenntnis der Vergangenheit* gesprochen«, sagte ich und verließ den Gefechtsstand.

Alpes Maritimes: Flug durch die Nacht. In großer Höhe kommen die Sterne ganz nah zu mir herunter, setzen sich auf mein Kanzeldach. Sie mögen mich, die Sterne. Die Lichter der Menschen scheinen mir unerreichbar: Rubine, Diamanten, Saphire, von einem Juwelier achtlos auf ein Tuch aus dunkelblauem Samt gestreut.

Mein Flugzeug leuchtet wie ein Meteor in der Nacht. Ich

spüre, daß ich nur ein Körnchen bin in diesem großen Dunkel, das keinen neuen Tag verspricht. Die Irrlichter auf meinem Kanzeldach wollen mich glauben machen, daß das, was nach dem Leben kommt, voller Frieden ist. Man müßte die Mitglieder der Kommission, die sich über Frank die Köpfe martern, nachts unter Sternen fliegen lassen. Und viele der anderen auch: Lehrer, Staatsmänner, Finanziers, Manager – Wichtigtuer, Besserwisser –, man müßte sie durch die Nacht fliegen lassen.

Nicht in einem Linienflugzeug. Der Blick durchs Fenster dort ist zu begrenzt. Ein Flugzeug wie meines ist besser für einen Flug zwischen den Welten geeignet. Der weite Blick aus meinem Cockpit würde sie wissen lassen, wie klein sie sind.

Rhône-Tal: Meine Gedanken gingen auf Gegenkurs, kehrten zu Mylene zurück.

Sie hatte mich aus dem Labyrinth der Altstadtgassen herausgeführt. Gramps war zwischen dem Fliegenvorhang zum *Loch in der Wand* stehengeblieben und hatte zugesehen, wie seine Enkeltochter dem Fremdling einen Weg durch die Flut von Menschenleibern zu einem Stadttor bahnte, durch das schon Jesus aus und ein gegangen war. Ein kühler Wind war aufgekommen und hatte Sand, Zeitungen, Bonbonpapier und den Geruch verbrannten Hammelfleisches mit kindischer Freude in großen Kreisen über die Köpfe der Menge gewirbelt. Die Hand, die mir Mylene zum Abschied gab, war kalt wie Eis. Ich hatte gehofft, daß sie dem Taxi nachwinken würde, doch als ich mich umsah, war sie nicht mehr da.

Die Nadel auf dem Tacan kippte um. *Good bye, Mylene, ich kann jetzt nicht mehr an dich denken.* Betrübnis kroch in mich hinein. Schwere Hände preßten mich in meinen engen Pilotensitz. Ich sagte dem Kontrollturm, daß *Sunnyboy six* soeben das Funkfeuer *Lima Yankee Oscar* überflogen hätte und seinen Bereich verlassen würde.

Der Mann vom Turm sagte *au revoir*, und ich nahm die Nase nach Nordosten und flog die deutsche Grenze an.

Landung: Die Dunstglocke über Hamburg sog die Farben Tausender von Lampen in sich auf. Ich zog den Sitz erwartungsvoll nach vorn: Gleich würden die gelben Perlenschnüre der Landebahn von Wilstensen aus dem flachen Schwarz aufleuchten. Kurz nach dem Aufsetzen und dem *Debriefing* beim Staffelkapitän würde ich im Kreise guter Freunde an der Bar stehen und den ersten Schluck eines gut eingeschenkten Bieres nehmen, und wenn dann der italienische Kellner sagen würde *benvenuti a casa*, dann würde ich wieder daheim sein.

Es kam anders: Der Flugbetrieb war bereits eingestellt. Man hatte nur noch auf mich gewartet. Kaum war ich mit den Füßen wieder am Boden, gingen alle Lichter aus.

Heinz Wuttig erwartete mich im Bereitschaftsraum der Staffel. Er hörte sich meine Meldung an und gab sie telefonisch an den Kommodore weiter.

»Oberst Bertram will wissen, ob Miß Malparte zugesagt hat«, fragte Wuttig vom Telefon her.

»Es ist nicht sicher, ob sie kommt«, sagte ich.

Auf dem Weg zu Wuttigs Auto lud ich ihn zum Bier ein.

»Die Bar ist geschlossen«, sagte er.

»Wieso das?«

»Inventur.«

»Wie wär's bei mir? Ich hab' noch was im Eisschrank.«

»Tut mir leid, alter Junge«, sagte Heinz und gähnte laut. »Meine Tochter liegt mit Fieber im Bett. Ich selbst hatte heute einen miserablen Tag. Ein andermal.«

Das Bier in meinem Eisschrank war so kalt wie die zwanzig Quadratmeter Langeweile meines Zimmers. Auf dem Korridor war es still. Es ist schon lange her, seit Marcello da draußen seine Rekorde aufgestellt hatte. Das Bier wollte nicht schmecken.

Mein Herz war schwer.

Ein besseres Wort fällt mir nicht ein, Mylene.

11

Mylene ließ auf sich warten. Wenn ich nicht gerade in der Luft war, saß ich im Bereitschaftsraum.

Wir hören die Nachrichten, überhören die Wasserstandsmeldungen, trinken literweise vom Kaffee, den Frau Winkler vorzüglich kocht, wir lösen Kreuzworträtsel, langweilen uns gründlich und sind zu jeder Sekunde einsatzbereit.

Ich machte eine Rechnung auf. Wie oft sagt ein Mensch: »Ich wünschte, es wäre Freitag!« Er ist bereit, die drei Tage seines Lebens, die ihn vom Freitag trennen, fortzuwerfen wie eine alte Zeitung. Drei Tage aber sind 72 Stunden, und das wiederum sind 4320 Minuten. In Mark ausgedrückt wären Menschen vorsichtiger. Niemand würde 4320 Mark achtlos aus dem Fenster werfen. Bei Minuten ist das anders. Weg mit den Minuten! Ich habe ja so viel davon!

Drei Wochen streckten sich dahin, und von Mylene kam kein Wort zu mir. Wie viele Minuten das wohl sind?

Der General Flugsicherheit zog sich eine Grippe zu. Die Kommission vertagte sich.

Die Fliegerbar machte gleich nach der Inventur wieder auf. Der Kommodore hatte Geburtstag und gab ein kleines Fest.

Elke kam auch. Sie war in Begleitung zweier anderer Mädchen.

Ich trennte sie von dem Geleitschutz und fragte, was sie haben wolle: »Whisky? Bier? Sekt?«

»Wie wär's mit einem Satz?« fragte sie. Ich verstand nicht, was sie meinte.

»Sag ganz einfach, daß es dir Freude macht, mich wiederzusehen.«

»Ich freue mich, dich zu sehen«, sagte ich.

»Es ist schön, wenn du lügst«, sagte sie.

Ein Hauptmann der zweiten Staffel wollte mit ihr tanzen. Sie lehnte ab.

Wir gingen durch die Nacht zu ihrem kleinen Auto.

»Du bist verliebt«, stellte sie fest.

»Ja«, sagte ich.

»Nicht in mich.«

»Du gefällst mir«, sagte ich.

Sie lachte.

»Ist dir das genug?« fragte ich.

Sie gab keine Antwort.

Im Auto fragte sie nicht, wo sie mich absetzen solle.

Ich ließ meine Hand über ihren Körper wandern.

»Kannst du damit warten, bis wir bei mir sind?« lachte sie mit einer tiefen Stimme.

In ihrer Wohnung ging sie von Lampe zu Lampe, als würde sie ein Fest beleuchten wollen.

»Soll ich den Wecker stellen?« fragte sie.

»Das klingt wie Verheiratetsein«, sagte ich.

»Soll ich?« fragte sie lächelnd.

»Nein. Ich bin frei bis morgen abend.«

Sie stellte den Wecker beiseite.

»Sechsundzwanzig freie Stunden«, sagte ich, »weißt du, wieviel Minuten das sind?«

»Nein«, sagte Elke und ließ Wasser in die Badewanne laufen.

»Eintausendfünfhundertundsechzig Minuten«, sagte ich.

»Du kannst so viele Minuten zu mir kommen, wie du willst«, sagte Elke. »Und wenn du dann wegbleibst, werde ich nicht protestieren.«

Ich nahm einen Schluck Chianti und wußte nichts zu sagen.

»Keine Sorge, großer Flieger«, sagte Elke, »ich werde nicht auf deiner Hochzeit tanzen.«

Einmal gab es einen Tag, da waren alle aufgeregt: Das Fernsehen kam zu Besuch. Ich wußte nichts davon, landete nach einem Nachtflug und war von Lampen geblendet, die ich noch nie zuvor gesehen hatte.

»Woher kommen Sie gerade?« fragte ein Mann mit viel Bart. An der Kamera, die ein anderer auf mich richtete, stand Arriflex.

»Aus der Luft«, sagte ich. Woher ich wirklich kam, durfte ich ihm nicht sagen. Der Mann lächelte vergrämt.

»Ihr Geschwader gehört zur Speerspitze der NATO«, bohrte er weiter. Kommen Sie in diesem Moment von einem wichtigen Nachtflug zurück?«

»Ich komme von einem Nachtflug zurück«, sagte ich und wollte mich an ihm vorbei zum Linetaxi schieben. Der Bärtige hielt mich zurück. Ich hatte Fernsehreporter immer gern gesehen. Am Bildschirm. Dieser hier in Lebensgröße gefiel mir nicht.

»Was machen Sie, wenn man Ihnen das Ei an die Maschine hängt?« fragte er.

Ich wußte darauf nicht sofort zu antworten.

»So nennt man doch wohl bei Ihnen die Rakete mit Atomkopf: das Ei.«

»Ja«, sagte ich, »und?«

»Und man würde Ihnen den Befehl geben, dieses Ei abzuliefern . . .«

Er machte eine lange Pause.

»Das wird nach menschlichem Ermessen nicht geschehen«, sagte ich.

»So hoffen wir alle«, sagte der Mann mit wenig Gesicht und vielen Haaren. »Setzen wir einmal den Fall, Sie erhalten den Befehl. Und Ihr Ziel liegt zufällig in einem Gebiet, in dem die Menschen unsere Sprache sprechen . . .«

Aus den Augenwinkeln sah ich den langen Bertram, ein paar junge Piloten, auch Wuttig und meinen Mechaniker um die Quarzlampen versammelt. Sie warteten auf meine Antwort.

»Ein solcher Befehl kann nicht von meinen direkten Vorgesetzten kommen«, sagte ich.

»Sondern?«

»Von ganz oben.«

»Würden Sie den Befehl ausführen?« drängte der Reporter.

Wer von einem Nachtflug kommt und überrumpelt wird, findet nicht sofort die richtigen Worte.

»Schließlich ist das eine Gewissensfrage«, stocherte der Fragende.

»Die Gewissensfrage stellt sich sehr früh«, sagte ich.

»Wie meinen Sie das?«

»Zu einer derartigen Entscheidung werde ich nicht erst gezwungen, wenn ich im Cockpit meines Flugzeuges sitze.«

»Sondern?« fragte der Fernsehmann.

»Wenn ich vor der Wahlurne stehe«, sagte ich.

Der lange Bertram stellte grinsend den Daumen hoch.

Flug reihte sich an Flug, Warten an Warten, und ich begann die Hoffnung aufzugeben, je wieder von Mylene zu hören. Als sie dann endlich kam, war ich nicht auf sie vorbereitet.

Ich hatte einen Luftnotstand hinter mir. Der achte schon in meiner Fliegerei. Luftnotstände sind reine Nervensache. Ich war im Verband geflogen. Als ich landen wollte, leuchtete ein Warnlicht auf: das Fahrwerk war nicht ordnungsgemäß verriegelt. Ich meldete *Mayday* und hörte, wie alle Maschinen weggeschickt wurden. Wilstensen gehörte mir. Meine Tanks waren noch halbvoll. Ich flog sie leer. Zwischendurch machte ich ein paar Sturzflüge. Unten angekommen, zog ich die Maschine steil nach oben. Der Apparat machte Geräusche, als würde er zerbersten. Wenn jetzt das Fahrwerk nicht einklinkte, würde es niemals halten. Tief ging ich am Turm vorbei: »Schaut mal nach!« Sie hatten ihre Gläser auf mich gerichtet. »Fahrwerk ist draußen«, sagten sie.

»Das Warnlicht brennt noch«, sagte ich.

Sie schickten Feuerwehren, einen Notarzt, die Ambulanz und Schaumlöscher an die Piste. Ich konnte sehen, wie sie ihre Fahrzeuge in Position brachten, auf die Wiese sprangen und zu mir nach oben starrten. Solange das Warnlicht leuchtete, war anzunehmen, daß das Fahrwerk beim Aufsetzen wegbrechen würde. Der Schleudersitz würde mir dann auch nichts mehr nützen. Zu spät dafür. Der Aufprall mit dem Fallschirm ist zu hart. Das überlebt dann keiner. Deshalb bleibt das Fangnetz am Ende der Runway die letzte Hoffnung. Beim Anflug wurde mir heiß. Ich hörte mein Herz durch meinen Schädel dröhnen. Langsam, butterweich aufsetzen, nur keine Böe jetzt von der Seite, nur keine unbedachte Bewegung am Steuerknüppel. Das Dahinschweben ohne Kraft vor dem Aufsetzen wird zu Ewigkeiten ... Dann kam das Rumpeln der Räder auf dem Boden. Das Fahrwerk hielt! Ich warf den Bremsschirm nach draußen.

»Es wird wohl die Leuchte gewesen sein, die spinnt«, hörte ich den Mann vom Turm in meinem Helm.

Eine Stunde später war alles vergessen.

Frau Winkler kochte viel Kaffee. Drei Piloten spielten Skat. Das Radio meldete Stauungen auf den Bundesautobahnen. Der Frühling hatte seinen Weg zu uns gefunden. Mit den ersten Knospen und einer halbwegs lauen Luft fuhren viele Menschen hinaus aufs Land und hofften, den Winter für dieses Jahr aus ihrem Leben verbannen zu dürfen.

Heinz Wuttig telefonierte mit seiner Frau. »Was du tun sollst? Den Tierarzt rufen, was denn sonst? Was? Nein, *hier* habe ich seine Nummer natürlich nicht. Was hältst du denn vom Telefonbuch, Schnuck? Na siehst du!«

Er legte den Hörer auf und beschäftigte sich mit seiner Kaffeetasse.

Georg Wilmes sah von seiner Illustrierten hoch. »Hat Schnuck Probleme?«

»Das Meerschweinchen meiner Tochter ist vom Balkon gefallen«, sagte Wuttig. »Das Haus steht unter Wasser wegen der vielen Tränen.«

»Und deshalb hast du den Tierarzt vorgeschlagen?«

»Was soll ich denn sonst vorschlagen?« sagte Wuttig irritiert.

»Nicht *was*, sondern *wen*«, sagte Georg Wilmes. »Mich! Ich kann sehr nützlich sein. Für Meerschweinchen. Und für Schnuck.«

Einer der Skatspieler lachte laut auf: »Der unwiderstehliche Hauptmann Wilmes!«

»Wilmes ist ein Idiot«, sagte Major Wuttig schlecht gelaunt.

Der Kommodore kam herein und sagte, wir sollten uns nicht stören lassen.

»Sie sehen erschöpft aus, Wenthoff«, sagte er.

Ich gab es zu. Meine Augenlider wurden schwer und schwerer.

»Zwei Kaffee auf meine Rechnung«, rief der Oberst in Richtung Pilotenküche. »Machen Sie den für Wenthoff extra stark, Frau Winkler.«

»Ich habe schon Kaffee getrunken«, sagte ich. »Mein Dienst ist gleich beendet.«

»Wir bekommen Besuch«, sagte der lange Bertram und deutete zum Fenster. Ich stand auf und sah nach draußen. Durch meinen Kopf lief ein helles Licht.

Mylene wirkte hilflos, zart, zwischen den Betonklötzen von Flugzeughallen, schweren Flugmaschinen und wippenden Radargeräten. Der Wachsoldat neben ihr deutete auf mich hinter der Scheibe. Ich klappte das Fenster auf und sah ihr zu, wie sie näher kam. Ihr Gesicht war blaß. Der Wind wehte ihr das Haar ins Gesicht. Es war schwärzer, als ich es in Erinnerung hatte. Das lag vielleicht auch an dem hellen Trenchcoat.

Die anderen Piloten sahen ebenfalls aus dem Fenster. Einer der Skatspieler pfiff durch die Zähne. Wilmes sagte: »Ein echter Heuler!«

»Schnauze«, sagte ich.

Gramps hatte recht behalten. Mylene war gekommen. Ich stieg aus dem Fenster und ging ihr entgegen. Meine Beine waren zentnerschwer: Sie war gekommen. Wir lachten uns an. Ich wußte nicht, welche Worte ich nehmen sollte, und holte mir ihre Hand und legte sie auf meine heiße Stirn.

In der Baracke klingelte das Telefon. Ich sah Mylene vor mir stehen und hörte Wuttig ganz weit hinter mir:

»Ja, Schnuck, was gibt's? Halleluja! Wie bitte? Nein – ich wollte sagen, es tut mir leid!«

»Mein Dienst ist gleich um«, sagte ich zu Mylene. »Dann zieh' ich mich um, und wir können gehen.«

»Das dämliche Meerschweinchen braucht nicht mehr zum Tierarzt«, brüllte Wuttig voller Freude, »es hat soeben das Zeitliche gesegnet!«

»Halleluja!« schrie einer der Piloten.

»Das hab' ich auch gesagt«, prustete Heinz Wuttig.

Demjenigen, der Fröhlichkeit im Moment nicht gebrauchen kann, tut sie in den Ohren weh. Ich nahm Mylene bei der Schulter und führte sie von der Baracke fort.

Vier Kampfflugzeuge einer englischen Einheit lärmten in den Platz.

Mylene hielt sich die Ohren zu.

»Und dann?« fragte sie.

»Dann was?« Ich hatte den Sinn ihrer Frage nicht verstanden.

»In zehn Minuten, wenn Ihr Dienst vorbei ist und Sie umgezogen sind?«

Ich sah mich auf dem weiten Platz um.

»Wohin gehen wir dann?« fragte sie.

Soweit hatte ich noch nicht gedacht. Wohin sollte ich sie bringen? In die Wohnung über dem Fluß? In ein Hotel?

Wir standen in dem flachen Land zwischen Hallen und Baracken und wußten nicht, wohin.

12

Alle waren vollzählig versammelt. Es roch nach Verschwörung. Rauchschwaden zogen durch das Zimmer. Aschenbecher quollen über. Halbgeleerte Kaffeetassen standen neben Sesseln und auf Tischen.

Mylene saß mit dem Rücken zu einer Stehlampe, deren Licht ihr auf Hals und Schultern fiel. Ihr Gesicht lag im Halbdunkel.

Den ganzen Abend hatte sie kein Wort gesagt, aber von den vielen Sätzen der anderen war ihr nicht ein einziger entgangen.

Der lange Bertram wollte in die Zigarrenkiste greifen. Als er seine Frau ins Zimmer kommen sah, klappte er den Deckel wieder zu.

»Soll ich das Fenster öffnen?« fragte Heinz Wuttig.

»Ich mach' das schon«, sagte die Gastgeberin und ließ kühle Nachtluft zu uns herein.

Heinz hatte seine Frau nicht mitgebracht. Schnuck war zum zweiten Male schwanger.

»Ihr seht alle ziemlich müde aus«, sagte die Hausherrin. »Warum macht ihr nicht morgen weiter?«

»Morgen muß ich den Schriftsatz diktieren, den wir uns heute abend erarbeiten«, sagte ihr Mann.

»Wird die Untersuchung fortgesetzt?« fragte Frau Bertram.

»Am Montag früh«, sagte Heinz Wuttig. »Der General ist wieder mopsfidel.«

»Was steht auf der Tagesordnung?« fragte ich.

»Der Jähzorn des verunglückten Piloten«, antwortete mein Kommodore.

»Jähzorn?« sagte Mylene. »Ich habe Frank nur als ruhig, gelassen und ausgeglichen in Erinnerung.«

»Aus diesem Grunde ist Ihre Aussage vor der Kommission von unschätzbarem Wert«, sagte Bertram. »Wir müssen eine Beurteilung zerpflücken, die am Montag auf den Tisch kommt.«

»Haben Sie die Beurteilung zu Gesicht bekommen, Herr Oberst?« fragte Wuttig.

»Allerdings.«

»Was steht darin?«

»Frank soll vor geraumer Zeit einen Mechaniker der Delta-Werke krankenhausreif geprügelt haben. Wegen einer kleinen Nachlässigkeit.«

»Wer hat diesen Bericht denn verfaßt?« wollte Mylene wissen.

»Der Chefingenieur der Delta-Werke.«

»Ich kenne die Geschichte«, sagte Wuttig. »Die *kleine Nachlässigkeit* hätte Frank oder jedem anderen Piloten auf dieser Maschine das Leben gekostet. Ich kenne die anderen Flugzeugführer. Wir werden sie als Zeugen laden. Der Mechaniker wurde frech, als er zur Rede gestellt wurde. Irgendwann nannte er Frank ein überbezahltes Arschloch. Zu der Silbe ›Loch‹ ist er nicht mehr gekommen. Frank hatte mittendrin zugeschlagen.«

»Und?«

»Das Nasenbein war gebrochen und das bißchen Gehirn war wohl leicht erschüttert.«

Ich grinste, und die beiden Frauen versteckten ihr Lächeln.

»Herrlich«, sagte ich.

»Katastrophal!« schüttelte Oberst Bertram den Kopf. »Wir alle wissen, daß die Reizschwelle bei Frank ziemlich hoch war. Es dauerte lange, bis er die Beherrschung verlor. Aber ich höre schon die Worte, die Montag an dem langen Tisch fallen: Gewalttätigkeit. Brutalität. Unausgeglichener Charakter. Und der Psychologe wird dazu nicken und sagen, daß unsere Flugzeugführer jederzeit einen kühlen Kopf behalten müssen. Schließlich fliegen unsere Männer oft mit scharfer Munition. Wenn so ein Pilot durchdreht, wird die Kommission sagen, ballert er plötzlich los! Selbst mitten im Frieden!«

»Das hat bisher noch keiner getan«, sagte Frau Bertram und ging mit zwei vollen Aschenbechern in die Küche.

»Der Psychologe hat etwas über eine Massenschlägerei erfahren, die auf Sardinien stattgefunden haben soll. Frank wird beschuldigt, sie angezettelt zu haben«, sagte der lange Bertram. »Wenn das stimmt, verlieren wir Montag die erste Runde.«

»Frank hat die Keilerei beendet«, sagte ich, »angezettelt hat sie ein anderer.«

»Keilerei?« fragte Frau Bertram mit lauter Stimme von der Küche her.

»Lori läßt keinen Boxkampf aus«, sagte ihr Mann und lachte. »Wenn Cassius Clay in Kuala Lumpur boxt und das Ganze per Satellit ins Fernsehen kommt, steht meine Frau extra deswegen um drei Uhr morgens auf . . .«

»Was ist auf Sardinien geschehen?« wollte Mylene wissen.

»Wir waren zum Scharfschießen mit Raketen auf Sardinien. Da gibt es einen Platz, wo wir das üben dürfen. Hier in Deutschland geht das ja nicht. Wir waren alles blutjunge Flugzeugführer, die mit den Piloten anderer Länder eine Art von Wettkampf austragen sollten. Es war unser erster Aufenthalt im Süden. Jedenfalls für die meisten von uns. Wir waren hungrig auf das Leben. Die Nächte auf der Insel sind warm. Der Wein war süffig, und die Mädchen sagten selten nein.«

»Gebt ihm eine Laute«, grinste Wuttig, »er soll uns das Gedicht vertonen.«

»Es war die Zeit, als die Starfighter serienweise aus dem Himmel fielen«, sagte ich. »Experten suchten fieberhaft nach Gründen. Piloten diskutierten nur anfangs über die Ungewißheit, in die wir jedesmal wieder hineinflogen. Später sagten wir nichts mehr. Das Thema wurde zum Tabu. Doch jedesmal, wenn ich ins Cockpit stieg, stellte ich mir mein Foto vor: mit einem schwarzen Rahmen im Bereitschaftsraum der Überlebenden. Abends, nach dem letzten Flug des Tages, war ich nicht der einzige, der alles nahm, was sich so bot. Ich zündete die Kerze an beiden Enden an.«

»Wenn Sie Unglückstier Derartiges vor dem General Flugsicherheit aussagen, trete ich Ihnen eigenfüßig in Ihre Baustelle von einem Arsch!« polterte Bertram.

Mylene sah von Ihren verschlungenen Händen hoch und wartete auf meine Antwort.

»Falls ich unser Beisammensein in Ihrem Hause recht verstehe, Herr Oberst, dann treiben wir hier Sandkastenspiele«, sagte ich.

Der lange Bertram nickte.

»Sollten wir nicht im kleinen Kreis von unseren Schwächen reden, damit wir am Montag unsere Stärken kennen?« Jetzt war ich es, der auf eine Antwort wartete.

»Erzählen Sie weiter«, sagte der lange Bertram, »wie ist es zu der Schlägerei gekommen?«

Ich erzählte es ihm.

Mir gefiel die Trattoria, und ich ging gern dorthin, weil die Menschen an den wenigen Tischen mir deutlich machten, daß Fliegerei nicht alles sei. Das Meer versteckte sich hinter verwahrlosten Häusern und Büschen voller Staub, aber ab und an konnte ich seine Wellen hören. Die Tische standen im Garten. Ein paar bunte Glühbirnen erzählten von der Armut des Besitzers. Die Einheimischen ließen jede Art von Freundlichkeit vermissen. Wir trugen Jeans und Sommerhemden wie die Männer aus dem Dorf. Aber wir sprachen eine andere Sprache, und in unserem Gehabe erinnerten wir nicht an Touristen, die willkommen waren. Die Einheimischen litten Not, und selbst die Kommunisten konnten ihnen kein besseres Leben geben. Dafür gaben sie ihnen etwas ähnlich Wichtiges: Hoffnung. Ich wollte den Gästen in der Trattoria gerne sagen, daß auch meine Leute daheim sich an eine Hoffnung klammern: Sie wollen als Volk immer nur vom Volk regiert werden. Wer aufhetzt, wird kein guter Volksvertreter, und aus Vielversprechern werden manchmal Diktatoren. Ich habe es nicht gesagt, weil mich niemand fragte. Und in der Sprache dieser Menschen kann ich allenfalls ein Glas mit rotem Wein erbitten.

Sie gaben mir den Wein, aber sie sprachen nicht mit mir. Wer für die NATO flog, galt als Gegner, war ein Ärgernis.

Es war nicht unterschiedliche Gesinnung, die zur Auseinandersetzung führte. Am Anfang der Wirtshausprügelei stand, wie schon so oft in der Geschichte unserer Welt, das Weib.

Zwei Männer buhlten um die gleiche Frau. Der eine war mein Freund Marcello, abgefüllt mit Wein bis an den Rand.

In nüchternem Zustand wäre ihm die Kurzbeinige niemals in den Sinn gekommen. Die Schöne des Dorfes lehnte an der Musikbox. Marcello bohrte mit seinem Zeigefinger in ihrem Ohr herum. Das Weib stieß schrille Schreie großer Freude aus. In dem Moment betrat der andere den Ort der großen Fröhlichkeit. Er fand nicht gut, was er da sah. Er herrschte die Dicke an und stieß Marcello vor die Brust. Mein Freund verbat sich das und schubste den untersetzten Sarden zurück. Eine Weile schubsten sie sich hin und her. Wie Knaben, die in der großen Pause auf dem Schulhof rangeln.

Der Dicken gefiel das außerordentlich. Es kam bestimmt nicht alle Tage vor, daß sich zwei Männer um sie stritten. Sie juchzte dumm und ziemlich laut. Ihr fester Freund gab ihr eine Ohrfeige. Dann schlug er dem Rivalen einen Schwinger an den Kopf, den er wie jeder schlechte Boxer von ganz weit unten aus dem Keller holte. Marcello ging zu Boden.

»Das geht zu weit!« brüllte der schöne Wilmes und schaffte trotz des vielen Weines eine Flanke quer über den Tisch. Was an Karaffen darauf stand, zersplitterte im Kies der Kneipe. Stühle fielen um, und Sarden stürzten sich in den Kampf.

Zwei amerikanische Piloten, die bisher friedlich in einer Ecke gesessen hatten, schrien »Jippiiieee!« und warfen sich in das Gewühl, wie seinerzeit General Custer auf die Rothäute am Little Big Horn.

Da durfte ich mich nicht lumpen lassen. Ich zog mein Hemd aus und gab es Frank zur Aufbewahrung. Das Preisschild hing noch an ihm, und es gefiel mir unzerrissen besser.

Es begann als ganz normale Keilerei: Dorfbevölkerung gegen Rest der Welt. Ein Stuhl landete schmetternd in der Musikbox, was durchaus von Vorteil war: die gräßlich hämmernde Musik hörte endlich auf. Männer wälzten sich am Boden. Füße traten auf Bäuche. Fäuste krachten auf Nasen, Augen, Ohren.

Ich hatte einen langen Dürren vor mir, der sich seine Zähne hatte in Gold rahmen lassen. Eine Gerade, aus kurzer Distanz auf den Solarplexus geschlagen, veranlaßte ihn, mit schmerzverzerrtem Gesicht die Arena zu verlassen.

Ich warf einen Blick zu Frank hinüber. Er saß am Tisch und sah der Veranstaltung mit großem Vergnügen zu. Sekunden später traf mich der kantige Schlag eines Stuhlbeins in den Nacken. Ich sah den Kies näher kommen, fiel weiter und weiter und stürzte in einen tiefen Brunnen hinein, der voller schwarzer Watte war.

Zentnergewichte warfen sich auf meine Brust, blieben da hocken und preßten den Rest meines Atems aus meinem Körper.

Und dann war da der Schrei. Er kam schrill aus vielen Mädchenkehlen. Wie kaltes Licht stieß der grelle Ton in das Gefängnis meines Brunnens vor. Rote, gelbe und violette Lampen tanzten durch den schwarzen Himmel über mir. Frauenmünder standen hilflos offen. Weit aufgerissene Augen waren voller Entsetzen. Männer blieben atemlos erstarrt. Das Schweigen war, als würde alles tot sein.

In dem Moment sah ich das Messer. Der Sarde hielt es in einer Hand, die zugewachsen war mit schwarzen Haaren. Der Mann kniete auf meiner Brust. Der, der das dicke Mädchen ganz für sich alleine haben wollte. Seine Augen waren voller Haß und Trunkenheit und Irresein.

Die Spitze des Messer strich suchend über meinen Adamsapfel.

Aus den Augenwinkeln sah ich Frank vom Tisch her kommen. Seine Schritte auf dem Kies waren ohne Hast und für die anderen nicht zu hören.

Die Messerspitze drückte stärker zu. Der Schmerz war groß, und meine Furcht fand keinen Ausweg. Ich befahl meinen Augen, Franks Kommen nicht zu verraten.

Er nahm einen Blumentopf auf und warf ihn in das nächste Fenster. Klirrendes Glas schnitt durch die Stille. Der Sarde mit dem Messer sah nur ganz kurz auf. Mit einem gewaltigen Ruck zog Frank dem Überraschten die Füße weg. Der Mann wurde von meiner Brust gerissen und krachte mit dem Gesicht in den Kies. Wütend wollte er aufspringen. Es blieb ihm nicht die Zeit dazu. Mit einem Tritt voller Kraft und noch mehr Zorn trat Frank auf das Gelenk der Hand, die das Messer hielt. Der Mann schrie auf. Mit schmerzverzerrtem Gesicht fiel er auf den Rücken. Frank gab ihm nicht Gelegenheit zu sagen, daß er genug von allem habe. Mit schrecklicher Langsamkeit kniete er nieder und drückte sein Knie zwischen die Beine des Besiegten auf das Wichtigste, das ein Sarde sein eigen nennt, auf den Stolz seines Lebens, dem er Lieder widmet und für den er das Wort *Cazzo* erfunden hat. Er wand das Messer aus der behaarten Hand und führte die scharfe Spitze an die Stirn des Verängstigten.

»Mach das nie wieder mit meinen Freunden«, sagte er leise. Wie mit einer Rasierklinge ritzte er einen hauchdünnen Strich über die Nasenwurzel. Der Schnitt füllte sich mit Blut.

»Preferisci una croce?« fragte er den Mann am Boden.

»Er will ihm ein Kreuz in die Stirn ritzen«, übersetzte Marcello.

Ich kroch mit schmerzenden Gliedern zu Frank. »Laß das, Frank. Es ist genug.«

Seine Augen erschreckten mich. Sie waren eher weiß als blau. Das Eis von Gletschern war darin. Er war bereit zu töten.

»Gib mir das Messer«, sagte ich und hielt ihm fordernd meine Hand entgegen.

Seine Augen wanderten zu mir, und die Gefährlichkeit verschwand aus ihnen. Er klappte das Messer zu und warf es fort.

»Laß uns den Wein zu Ende trinken«, sagte er zu mir und lachte.

Die Uhr auf dem Kaminsims schlug die elfte Stunde in der Nacht und gab sich Mühe, nach *Big Ben* zu klingen. Mylene hatte sich die ganze Zeit nicht aus dem Halbdunkel ihrer Ecke fortbewegt.

»Dies ist die Geschichte eines Freundes, der dem anderen Freund das Leben rettet«, sagte sie.

»Eben«, meinte Frau Bertram. »Wäre es der Kommission lieber gewesen, der Sarde hätte Alexander die Kehle durchgeschnitten?« Sie schloß das Fenster. »Die Nächte sind doch noch empfindlich kühl.«

»Sie haben in Franks Augen die Bereitschaft zum Töten gesehen«, sagte der lange Bertram zu mir. »Haben Sie ihn später einmal darauf angesprochen?«

»Ja«, sagte ich.

»Und?«

»Er hat die Frage nicht gern gehabt. Er konnte sich an den Vorfall nicht mehr erinnern.«

Alle im Raum sahen mich an und schwiegen.

»Er wußte nur noch, daß der Mann mir das Messer an die Kehle setzte. Und dann kam er wieder zu sich, als ich ihn um das Messer bat. Dazwischen ist ihm der Film gerissen.«

»Also doch Jähzorn«, sagte Wuttig.

»Kann ein Flugzeug explodieren, weil der Pilot jähzornig ist?« fragte Frau Bertram.

»Du gehst am Problem vorbei«, seufzte ihr Mann.

Seine Frau strich ihm liebevoll übers Haar. »Ihr kommt mir vor wie Lausbuben, die was angestellt haben und ihre Ausreden untereinander absprechen.«

Der lange Bertram warf ihr einen strafenden Blick zu und griff in die Zigarrenkiste.

»Fräulein Malparte«, sagte Wuttig, »die meisten Fragen, die man an Sie richten wird, drehen sich um Gewohnheiten, die Frank hatte.«

»Beispielsweise?« fragte Mylene.

»Alkohol«, sagte Wuttig. »Wir alle wissen, daß er ziemlich viel vertragen konnte.«

»Dann wissen Sie mehr als ich«, sagte Mylene. Ich wollte zu ihr gehen und sie küssen.

»Wir sind schon mit Frank geflogen, als Sie noch in die Schule gingen«, sagte der lange Bertram, »aber wir sind davon überzeugt, daß Sie ihn besser kannten als jeder hier in diesem Raum.«

Mylene sah ihn an und sagte nichts.

»Wann haben Sie ihn zuletzt gesehen und in welcher Verfassung?«

Aus dem Sandkastenspiel wurde ein Verhör.

»Geht das nicht zu weit, Herr Oberst?« fragte ich.

»Nein«, sagte Bertram knapp.

»Es macht mir nichts aus, über Frank zu sprechen«, sagte Mylene zu mir und hörte sich an wie ›Woher nehmen Sie ständig das Recht, mich beschützen zu wollen?‹ Ihr Gesicht lag immer noch im Schatten, aber ihre Augen waren rätselhaft beleuchtet. »Unsere letzte Begegnung lag Wochen vor seinem Tod. Die Frage nach seiner Verfassung ist mir unverständlich.«

»Schien er abgespannt? Unter Streß? Hatte er Sorgen?«

Mylene verneinte mit einer leichten Bewegung ihres Kopfes.

»Ist er an die Flasche geraten?«

»Frank hatte keinen Grund zum Trinken.«

»Was wäre Ihrer Meinung nach ein Grund zum Trinken?« fragte Bertram.

»Manche Männer trinken, weil sie sich gegenseitig beweisen müssen, was sie für tolle Kerle sind.«

»Wenn Sie nur wüßten, wie recht Sie haben, meine Liebe«, sagte Frau Bertram. Ihr Mann überhörte die Bemerkung. Mylene lächelte still.

»Andere wiederum trinken, weil ihr Leben unausgefüllt ist. Weil sie einsam sind. Frank ist nicht einsam gewesen. Er hatte mich. Wir waren sehr glücklich miteinander.«

Ich betrachtete die Möbel im Raum. Sie standen noch nicht lange zwischen diesen Wänden. Die Preiszettel waren erst vor kurzem entfernt worden. Teakholz, in Schweden verarbeitet. Der Kommodore bewies eine Vorliebe für Tische und Sessel aus Skandinavien. Die Bar im Kasino sah genauso aus.

»Frank machte in der Tat den Eindruck eines glücklichen Menschen«, sagte Wuttig. »Manchmal dachte ich allerdings, er wollte nur den Eindruck vermitteln, das Glück für sich allein gepachtet zu haben.«

»Also war er es doch nicht?« fragte Bertram.

»Haben Sie schon einmal einen Menschen gesehen, der vierundzwanzig Stunden, rund um die Uhr, glücklich ist?« fragte Mylene.

»Ich bin fast sicher, daß er eine Sorge mit sich herumschleppte, die er mit seinem Lachen zudecken wollte«, sagte Bertram. »Einen großen Kummer, den er vor uns verbergen zu müssen glaubte.«

Ein Gambler ist er immer schon gewesen. Möglich, daß er nur mit einem Auge lachte. Den Kummer in dem anderen haben wir wohl nicht bemerkt. Dann hat er Dich zu lieben angefangen und auch die andere Hälfte seines Januskopfes von uns abgewandt. Warum hat er denn nie zu Dir von einer großen Last gesprochen, mit der zu leben er gezwungen war, Mylene?

»Ich habe diesen Kummer nicht bemerkt«, sagte ich.

»Und wenn«, sagte Mylene, »dann hätte er ihn nicht im Alkohol ertränkt. Das tun nur willensschwache Menschen.«

»Frank hat nicht mehr getrunken als jeder von uns«, behauptete ich.

»Na gut«, sagte der Kommodore, »dann fegen wir auch diese Frage mit einem großen Lächeln vom Tisch der Kommission.«

»Na bravo«, sagte seine Frau und ging in die Küche.

»Was machst du denn jetzt schon wieder?« fragte der lange Bertram mit Irritation im zerfurchten Gesicht.

»Belegte Brote«, sagte die Gastgeberin, »denn ich brenne darauf, eure Ausreden mit vollem Munde zu hören.«

»Ich helfe Ihnen«, sagte Mylene und stand auf.

»Das würde mein Mann mir nie verzeihen«, sagte Lori Bertram, »er braucht Sie doch zu seinem Frage- und Antwortspiel.« Sie schloß die Küchentür.

»Eine besonders humorvolle Person«, meinte Wuttig.

Mylene ging zum Fenster hinüber und sagte: »Könnte der Kummer, den Sie bei Frank vermutet haben, nicht eine Art von Melancholie gewesen sein?«

Bertram dachte nach. »Möglich.«

»Bis hin zur Schwermut?« fragte Mylene leise.

»Ein gewichtiges Wort«, sagte Bertram, »Melancholie gefällt mir besser.«

»Ich glaube, ich kann das erklären, Herr Oberst«, sagte ich. »Frank war vor allem und zuallerst Flieger. Die Fliegerei war sein Leben. Er hat mehr Flugzeugtypen geflogen als wir alle zusammen. Stimmt das?«

»Weiter«, sagte Bertram.

»Frank war erst fünfundvierzig Jahre alt, als es passierte. Man sagt, daß das Leben eines Mannes dann erst anfange. Ja und nein. Vielleicht in einem anderen Beruf. Wir Düsenpiloten werden doch alle mit Vierzig pensioniert. Zu Recht. Zwanzig Jahre Fliegerei auf diesen Maschinen, das verschleißt. Wir geben es nicht gern zu, aber mit der Zeit werden wir zum Risiko. Dann gehen einige von uns in den Stab hinter Schreibtische. Andere werden Frührentner, lernen um, werden Wetterfrösche ...«

»Du sagst uns nichts Neues«, unterbrach mich Heinz Wuttig.

»Ich denke laut«, sagte ich, »und ich erzähle es Mylene.« Ich hatte ihren Namen oft gedacht, aber selten gesprochen. Er klang noch etwas fremd aus meinem Munde.

»Können Sie sich Frank hinter einem Schreibtisch vorstellen?« fragte sie vom Fenster her.

»Frank war keineswegs verbraucht, als er mit Vierzig die Luftwaffe verließ. Die Delta-Werke nahmen ihn als Testpiloten.« Ich mußte einen Augenblick nachdenken. Wie bei einem Scrabble-Spiel schoben sich in meinem Kopf verschiedene Buchstaben zu dem Wort *Schwermut* zusammen. »Fünf Jahre hat er bei Deltas seinen Hals riskiert. Vielleicht hat er hin und wieder gemerkt, daß seine Reaktionen langsamer wurden. Vielleicht hat ihn in brenzligen Momenten nur seine Erfahrung gerettet. Vielleicht hat er sich gefragt, was passiert, wenn der Fliegerarzt bei der nächsten Untersuchung das Gesicht in Dackelfalten legt und anfängt, nachdenklich seine Brille zu putzen? Können Sie sich Frank als Rosenzüchter vorstellen? Oder als Besitzer eines Zigarrenladens?« Ich warf einen Blick zu Mylene, die immer noch in die Nacht hinaussah. »Oder als Rentner auf einer Parkbank?«

»Wenthoff«, sagte der Oberst mit Bedacht, »Sie malen das Bild eines Mannes, der sich wünschen mußte, sein Leben in einem Flugzeug zu beenden, damit ihm die Parkbank erspart bleibt ...«

»Nein«, sagte Mylene heftig. »Warum hätte Frank den Unfall absichtlich herbeiführen sollen? Dieser Mann war in das Leben verliebt, nicht in den Tod.« Und leise fügte sie hinzu: »Es sei denn, ich hätte ihn nicht richtig gekannt.«

»Er wollte weiterfliegen«, sagte ich, »und sah mit Betrübnis, daß ihm nicht mehr viel Zeit blieb. Es ist noch nicht lange her, da hat er zu mir gesagt, ›das Leben ist wie eine Sanduhr. Anfangs merkst du gar nicht, daß der Sand in der oberen Hälfte weniger wird. Es ist ja soviel davon da! Doch später, wenn der Sand zur Hälfte nach unten durchgerieselt ist, nimmt er oben immer schneller ab. Das ist das Dumme an diesem Leben: in der zweiten Hälfte, wenn du gelernt hast, sorgsamer mit dem feinen Sand umzugehen, läuft er dir schneller und schneller davon.‹«

»In diesen Worten steckt allerdings viel Melancholie«, sagte Wuttig.

»In diesen Worten steckt mehr als das.« Mylene sah uns zögernd an. Sie schien es nicht sagen zu wollen und sagte es dann doch: »Manchmal erschien er mir fast – wie ein Dichter.«

Kein Wunder, daß mein Freund diese Frau geliebt hat, die seine Melancholie schweigend hinnahm und ihm Fröhlichkeit zurückgab. Und die fühlte, daß dieser Mann ein Dichter war.

»Er hat nie etwas von bleibendem Wert aufgeschrieben«, sagte Mylene. »Aber er hat wie ein Dichter gedacht.«

Wuttig und Bertram hörten ihr aufmerksam zu.

»Das stimmt«, sagte ich. »Und er hat auch Sätze gesagt, die sonst keinem Menschen einfallen. Außer Gramps natürlich.«

»Wer ist Gramps?« wollte Wuttig wissen.

»Ein Freund von mir«, sagte ich. »Ein Indianer. Man kann ihn öfter in Jerusalem treffen.«

Mylene lachte hell auf. Wuttig ging an mir vorbei und klopfte mir mit der flachen Hand auf die Stirn.

»Warum, glauben Sie, hat Frank nichts aufgeschrieben?« fragte ich Mylene.

»Vielleicht wollte er nicht zuviel über sich selber sagen«, meinte Mylene. »Man behauptet, in jedem Dichter stecke ein kleiner Exhibitionist.«

»Frank war ein Romantiker«, sagte ich. »Er ist nicht geflogen, wie wir es tun. Ich halte uns für fliegende Ingenieure, menschliche Computer. Wir drücken auf Knöpfe und haben unsere Augen auf den Instrumenten.

»Frank hat aus dem Fenster gesehen. Ich erinnere mich noch an einen Flug über der Adria . . .«

»Warten Sie«, unterbrach mich der lange Bertram und war mit drei Schritten bei der Küchentür. »Bist du immer noch nicht fertig mit dem Stullenschmieren?«

»Doch«, sagte seine Frau.

»Dann komm her und setz dich hin«, sagte Bertram, »dein Freund Wenthoff erzählt eine Geschichte über einen fliegenden Dichter.«

13

Wir kamen aus Izmir und waren zu dritt. Frank flog in der Mitte. Ich hing an seiner rechten Fläche, und Hans Juhnke machte den Linksaußen. Hanse war noch neu bei uns damals und ein wenig übereifrig. Ein Junge, der sich hochgerangelt hatte. Zweites Kind unter sieben anderen, mit einem Tischler als Vater. Er hatte sich vorgenommen, es weit zu bringen. Wenn seine Mutter geschrieben hatte, las er mir ihre Briefe vor. Als er starb, war er kaum Dreiundzwanzig. Er soll beim Tiefflug im Verband einen Baum gestreift haben. Die Explosion hat den Wald in Brand gesetzt. Was wirklich geschehen ist, konnte niemand sagen. Die Untersuchung endete mit dem Vermerk *Pilot's error* – menschliches Versagen.

Ich denke oft, wie gut es ist, daß wir nicht wissen, was die nächsten achtunddreißigtausend Minuten für uns auf dem Sekundenzeiger haben. Hanse glaubte, seiner Fliegerei sei nie ein Ende gesetzt.

Wir flogen hoch an jenem Tag auf dem Weg nach Hause von der Türkei, so hoch, daß unter dem Dunst des heißen Nachmittags die Erde rund und nicht mehr wie ein Teller wirkte. Die Nadel meines Tacan wanderte auf 90 Grad, und prompt meldete sich Hanse in den Kopfhörern: »Zakynthos liegt querab.« Der Blick des Jungen klebte an den Instrumenten. Ich war auch einmal so gewesen. Frank hat mich gelehrt, die Augen aufzumachen. Hanse registrierte das Funkfeuer *Zulu Alpha Kilo*. Ich hingegen sah unter dem Dunst das zerklüftete, zerrissene, ins Meer gestreute Land der Griechen. Eine Zeitlang flogen wir schweigend. Auf dem Kompaß lagen 280 Grad.

»Wir bekommen Besuch«, sagte Franks Stimme in meinem Helm.

Ein kleiner Punkt wurde in dem Teil des Himmels sichtbar, dessen Blau sich noch nicht dunkel färbte. Der schwarze Fleck auf dem sauberen Tuch wurde größer und größer und sah schließlich wie ein Flugzeug aus.

»Das ist eine F 104 *Gustav*«, sagte Hanse. »Kennzeichen: Italiener.«

Der Abfangjäger flog einen Halbkreis um unsere Formation. Neugierig kam er näher und schwamm wie ein Fisch in einem großen blauen Wasser. Für ihn sahen wir sicherlich nicht anders aus. Vier Fische beäugten sich, bewegten keine Flossen, schienen faul in ihrem Element, wußten nichts miteinander anzufangen.

»Wer seid ihr, fremde Krieger?« sagte Frank in meinen Kopfhörern. »Zeigt mir, daß ihr in guter Absicht kommt, und ihr sollt an meinem Herd willkommen sein . . .«

Ich sah zu Frank hinüber. Sein dunkles Visier war dem Abfangjäger zugewendet.

»Was soll das?« fragte ich ihn.

»So hätte der Italiener zu uns sprechen müssen«, lachte Frank.

»Verstehe«, sagte ich. »Und was müßten wir antworten?«

»Wir sind, ach, ehrenwerter Held, aus Ithaka,
von langer Reise arg geschwächt,

Zeus hat uns Sturm geschickt,
und meine Mannen sehnen sich nach Ruhe.
Wenn Klytemnestra uns doch Gunst gewährte!«

»Toll!« sagte ich. »Ist das von Homer?«

»Nein«, lachte Frank, »das ist von mir.«

Hanse verstand von alldem nicht viel. Der italienische Fisch kam ihm bedrohlich nahe. Hanse beschwerte sich beim Controller.

»*Alpha Charly Bravo von German Air Force Special Flight Threesome.* Eine italienische 104 spielt bei uns Huckepack.«

Ich konnte das Gesicht des italienischen Piloten hinter dem dunklen Visier nicht erkennen. Sein Helm bewegte sich vor und zurück. Vielleicht lachte er. Ich sah ihm zu, als er die linke Fläche hob und sich steil dem Meer entgegenfallen ließ.

»Jetzt haben Sie ihn erschreckt, Juhnke«, sagte Frank zu Hanse.

»Wo er wohl so eilig hin will?« fragte ich.

»Heim zu meinem eigenen Herd«, antwortete der Italiener in meinem Helm laut und klar. »Ich werde das Feuer zudekken und meine Klytemnestra samt Töchtern vor euch verstekken!«

Ich hörte ihn lachen und sah ihm noch ein wenig nach.

Über dem Dunkelblau der Adria fing er sein Flugzeug ab. Aus dem Fisch wurde ein Vogel, der in den letzten Sonnenstrahlen dieses Tages aufleuchtete und nach Süden zog.

Die italienische Küste kam auf. Viel Land war das nicht. Gleich dahinter begann wieder das Meer, und die Felsen von Sardinien und Korsika warfen Schatten in den Dunst des Abends. Die Sonne machte sich ganz rund und entschied sich für ein Rot, das wie die Röcke der Mädchen in jenem Sommer war.

»Die dicke rote Dame taucht ihre Füße schon in die Badewanne«, sagte ich.

»Ich dachte, du hättest sie gar nicht gesehen«, sagte Frank.

»Wen?« fragte Hanse.

»Die Sonne«, sagte ich. »Wenn du die Tüllgardine aufziehst und aus dem Fenster schaust, dann findest du sie gleich linker Hand.«

Frank lachte.

»Wenn wir ihr jetzt nachfliegen würden – bei unserer Geschwindigkeit könnten wir sie spätestens über Vancouver einholen«, sagte Hanse.

»Aber nur, wenn wir in der Luft betankt werden«, sagte ich.

»Haben Sie schon mal in der Luft aufgetankt, Herr Major?« fragte Hanse.

»Nein«, antwortete Frank. »Und jetzt haltet endlich mal eure Klappen.«

Wir flogen über das Festland, und als wir das Tyrrhenische Meer unter uns hatten, sagte Frank: »Laßt mich mal nach Backbord rüber.«

»Was willst du machen?« fragte ich.

»Auf der Sonne reiten«, sagte Frank. Er stieg hoch, Hanse zog unter ihm hindurch und legte seine rechte Fläche an meine Linke. Wir sahen Frank zu. Von unseren Blicken aus gesehen hob sich die schwarze Silhouette seines Flugzeuges langsam von unten kommend durch den Feuerball. Er ließ sich alle Zeit der Welt.

»Ikarus hat sich dabei die Flügel verbrannt«, sagte ich.

»Sei still«, sagte Frank.

Er stieg und stieg und sprühte Farben, glühte dann wie die Sonne selbst, wurde zu einem silbrigen Pfeil, der sich auf den Ball aus Feuer schob.

»Bin ich jetzt oben?« fragte Frank.

»Ja«, sagte ich.

Er ritt mit seinem Flugzeug auf der Sonne.

Es blieb sehr lange still im Wohnzimmer der Bertrams. Ich fand, daß ich zuviel geredet hatte. Mylene war beeindruckt von der Geschichte. Ich konnte es an ihrem Gesicht ablesen.

Der lange Bertram starrte mich an. »Frank war nicht der einzige fliegende Romantiker«, sagte er und schlürfte von dem heißen Kaffee.

»Alexander ist ein gelehriger Schüler«, sagte seine Frau und strich mir übers Haar.

»Wir kommen nicht weiter«, meinte Heinz Wuttig. Die Brote, die Frau Bertram gemacht hatte, stopfte er mit großem Vergnügen in sich hinein. Es fiel ihm gar nicht auf, daß er der einzige war, der kaute. Heinz kann immer essen. Zu jedem Flug nimmt er eine Semmel mit. Er braucht nur ein Flugzeug zu sehen – und schon knurrt ihm der Magen.

»Es ist bereits nach Mitternacht, und wir haben nichts gefunden, was wir offensiv vortragen können«, sagte er und griff nach einer Käseschnitte. »Vor der Kommission sind wir immer noch in der Defensive.«

Ich schob mich hinter Mylenes Sessel vorbei und öffnete die Tür zur Terrasse. Die Nacht vor dem Haus tat gut.

»Der Rasen ist frisch gesät!« rief mir die Gastgeberin nach.

Ich trat nicht auf den Rasen. In den Einfamilienhäusern ringsumher war es hinter allen Fenstern dunkel.

Ich hätte Mylene im *Holsteiner Hof* unterbringen sollen. Wir wären durch die Nacht gelaufen, zusammen, nebeneinander her. Niemand hätte uns von kleinen Fenstern aus zugesehen. Unter den niedrigen Dächern von Wilstensen schläft schon alles, wenn die Kirchenglocke zehnmal schlägt.

Hätte ... wäre ... würde ...

Mylene war Gast des Hauses Bertram. Die resolute Lori hatte darauf bestanden.

Ich stand in der Kühle der Nacht, pellte ein Kaugummi aus

dem Papier und wartete darauf, daß Mylene aus dem Haus kommen würde. Sie kam nicht.

»Wenthoff, kommen Sie rein«, rief der lange Bertram.

Ich bekam eine Tasse Kaffee, die ich nicht wollte, und mußte wieder einmal über Frank reden, was ich ebenfalls nicht wollte.

»Woran ist eure Freundschaft um ein Haar zerbrochen?« fragte der Oberst.

»An einem Flugzeug«, sagte ich.

»An der Tatsache, daß du ein Flugzeug aufs Spiel gesetzt hast, um ihm aus der Patsche zu helfen«, korrigierte Wuttig mit vollem Mund.

»Wir werden Beweise auf den Tisch der Kommission legen, daß für Frank ein Flugzeug nicht nur etwas war, das man fliegt«, sagte der lange Bertram, »und daß er sorgsam mit dem ihm anvertrauten Material umging.«

»Und vor der Gottheit *Maschine* das Knie beugte«, sagte ich müde.

»Hör auf, so geschwollen zu reden«, brummelte Wuttig. »Kannst du mit gutem Gewissen vor der Kommission aussagen, daß er seinen Schülern Achtung vor dem Material predigte?«

»Ja.«

»Ich auch«, sagte Wuttig und stand auf. Es war spät, und Schnuck wartete auf ihn.

»Wir brauchen ein Beispiel«, meinte der Oberst.

»Lassen Sie sich von Wenthoff die Geschichte mit dem Gewitter erzählen«, sagte Heinz Wuttig.

Ich stöhnte laut. »Nicht noch eine Geschichte!«

»Doch«, sagte der Oberst. »Wenn sie gut ist, nehme ich sie morgen in meinen Schriftsatz.«

Ich sah mich hilfesuchend um. Lori Wuttig setzte sich erwartungsvoll in ihrem Sessel zurecht. Mylene stand auf und kam mir ein paar Schritte entgegen, als wolle sie mir den Weg zur Tür abschneiden. »Bitte, Alexander«, sagte sie. »Ich würde Ihnen gern noch länger zuhören.«

Es war vor sechs Jahren. Ein Azorenhoch hatte die Hitze der Wüste nach Europa gebracht. Statistiker registrierten den wärmsten 26. Mai seit 1869. Das machte nicht alle Menschen glücklich. Asthmakranke litten sehr, und Chirurgen verlegten Eingriffe auf später. Schulkinder hatten hitzefrei. Auf Parkbänken war kein Platz zu kriegen. Alle Fenster der Fabriken standen offen, und Hausfrauen lagen nackt auf den Balkons herum. Europa räkelte sich wohlig unter einem heißen Himmel, der dem Kalender nach zu früh gekommen war.

Ich hatte über Belgien auf geschleppte Ziele geschossen und war auf dem Weg zurück nach Herzogsrain. Kumuluswolken, frisch geweißten Booten gleich, segelten mir entgegen. Ich hörte das Funkfeuer von Stuttgart und die Stimmen anderer Piloten in meinem Helm, bevor ich Frank hörte, mit dem ich für den Abend in München verabredet war. Zunächst glaubte ich, daß er pünktlich sein würde, wie immer, aber dann änderte sich das Bild.

»Skyman ten«, meldete er sich beim Turm. »Aufquellende Haufenwolken mit Vereisung an den oberen Rändern im Raum Nürnberg. Teilweise Bildung von Strato-Kumuli. Obergrenze 20000 Fuß. Untergrenze liegt auf. Vermutlich Hagelschauer. Elektrische Entladungen sind bereits erkennbar.«

Der Turm fertigte noch zwei oder drei andere Piloten ab, bevor er sich wieder mit Frank beschäftigte: »Meteo sagt, Gewitter können heute nur örtlich und unwesentlich auftreten.«

Eine Zeitlang war es beunruhigend still in meinen Kopfhörern. Dann sagte Frank: »Meteo irrt sich. *Skyman ten* bricht

Sichtflug ab. Ich gebe Euch Alpha five zero five six.«

»Haben Sie geortet, *Skyman ten*«, näselte der Turm. »Strahlen Sie Höhe ab.«

»Haben Sie meinen *Squawk*?« wollte Frank wissen.

»*Affirmative*«, bestätigte der Controller. »India Fox Romeo cleared. Höhe: sechzehntausend Fuß. Position: fünfundsiebzig Meilen nördlich Burgnenndorf. Anfrage, ob Sie Mission abbrechen wollen?«

»Negativ«, sagte Frank. »Setze Anflug auf Platz fort. Das Wesen meines Auftrages macht den Abbruch unmöglich.«

Unter mir lag die Geislinger Steige. Während die Leutchen auf der Autobahn schwitzten und fluchend die giftigen Auspuffgase der Vordermänner einatmeten, kämpfte nicht weit von ihnen entfernt ein Mann mit seinem Flugzeug gegen einen elektrischen Sturm.

»*Skyman ten*, sind Sie im Kern?« fragte der Controller.

»Positiv«, sagte Frank.

»Vereisung?« wollte der Turm wissen.

»Ziemlich stark.«

»Hagel?«

»Auch das.«

»Meteo fordert Einzelheiten an«, sagte der Turm.

»Meteo soll hierherkommen und sich die ›örtliche und sehr vereinzelt auftretende Scheiße‹ selber ansehen!« fluchte Frank. In den Kopfhörern krachte und knackte es. Die Stimmen, die sich meldeten, gehörten anderen Piloten. Dann war Frank noch einmal da: »Warnen Sie den Flugverkehr vor diesem . . .« – Der Satz ist nicht beendet worden.

Woran denkt der Seemann im Orkan?

Was plant der Kumpel, wenn der Stollen einstürzt?

Was tue ich, wenn es ums Überleben geht? Ich friere ein und nehme alles in Zeitlupe in mir auf.

Ich hasse die schwarzen Wolken, die an den Rändern rosa

sind. Die Keulenschläge, die das Flugzeug treffen, treffen schmerzend meine Hand am Steuerknüppel. Der Sturz durch Hunderte von Metern zerfetzt das Eis am Profil der Flächen und schießt die Splitter wie Explosivgeschosse gegen meine Kanzel. Sekunden später jagt der Teufelsfahrstuhl mich nach oben zum Schafott. Der gepeinigte Flugzeugrumpf stöhnt, schreit auf. Berechnungen jagen durch mein Gehirn. Ich werde zu meinem eigenen Computer, füttere mich eilig mit erlernten Zahlen: Bei neununddreißigtausend Fuß pressen sieben Tonnen pro Quadratmeter von innen nach außen. Im Sturz bei dieser Turbulenz nimmt die Belastung ab, und beim nächsten Schlag, der mich mit Gewalt nach oben wirft, nimmt die Belastung wieder zu. Ununterbrochenes Dehnen und Pressen kann zum Zerbersten führen. Frage: *Wann?*

Mein Eigen-Computer spuckte keine Antwort aus. Wer ums Überleben bangt, kann nicht mehr rechnen.

Als Gott den Menschen schuf, sind ihm ganz ohne Frage ein paar Fehler unterlaufen. Alles hat *Er* nicht bedacht. Wie konnte er auch ahnen, daß wir uns eines Tages in seinen Vorhof wagen würden? So reicht denn auch das Gleichgewichtsgefühl, das er uns mitgegeben hat, nicht aus. Es mag genügen für den Mann, der hinter einem Pflug durch Ackerfurchen taumelt. Wenn ich jedoch durch Wolkenschächte stürze, fehlt mir sogar der Horizont, den *Er* erschuf. Ich habe keine Anhaltspunkte mehr, weiß nicht, auf welche Weise ich mich *Seiner* Erde nähere: seitwärts, auf dem Rücken liegend oder mit dem Kopf voran? In der Sekunde klammere ich mich an das, was der Mensch sich als Ersatz geschaffen hat: das Instrumentenbrett mit Nadeln, Bällen, Uhren und einem künstlich nachempfundenen Horizont. Mit ihrer Hilfe erkämpfe ich mir den Ausweg aus der Hexenküche und hoffe nur, daß mir das Schlimmste nicht geschieht: der Blitz. Wenn der mich trifft, geht alles hier an Bord auf Null. Das Flugzeug wird dann tonnenschwer in meinen Händen. Mein Ruf erreicht niemanden mehr, und in den Ohren bleibt es stumm.

Der Turm rief fortgesetzt nach Frank. Ich flog auf München zu und sah die schwarzen Wolken über Nürnberg, aus denen keine Antwort kam.

Was kann ihm geschehen sein?

Möglichkeit eins: *Skyman ten* ist vom Blitz getroffen und manövrierunfähig. Der Pilot rettet sich durch Schleudersitz. Wahrscheinlichkeit: gleich Null. Frank steigt über dicht besiedeltem Gebiet nicht aus. Wer weiß, wohin sein Flugzeug stürzt?

Möglichkeit zwei: *Skyman ten* ist vom Blitz getroffen und in der Luft explodiert. Wahrscheinlichkeit: gering. Kommt so gut wie niemals vor.

Möglichkeit drei: *Skyman ten* ist durch Blitzeinwirkung seiner Elektronik beraubt. Der Pilot versucht, den nächstgelegenen Platz zu erreichen oder wird notlanden. Wahrscheinlichkeit: hundert zu hundert. Folgerung von Möglichkeit drei: Frank wird auch ohne Elektronik die Maschine stabil halten können. Aber ohne Elektronik ist er seiner Navigationshilfen beraubt. Das Gebiet, in dem er ums Überleben kämpft, liegt unmittelbar an der Mauer, mit der die Nachbarn ihr Deutschland von dem unseren getrennt haben.

»*Falcon four* an Turm«, sagte ich und kurvte ein auf Norden. »Ich geh' den *Skyman* holen.«

»Turm an *Falcon four*«, kam die verzögerte Antwort, »wie ist Ihre *endurance*?«

Die Tankanzeigen sahen traurig aus, doch die stimmten nie so genau. Ich rechnete mit dem Schieber nach. Viel Sprit blieb nicht, aber Frank war in der größeren Gefahr: einer Notlandung jenseits des Eisernen Vorhanges.

»*Falcon four* an Turm. Kraftstoff knapp, reicht aber aus«, sagte ich und schaltete mein Gerät auf eine andere Frequenz.

Südlich von Regensburg zerriß der Saum der schwarzen Wolken. Hagelkörner walzten Weizenfelder nieder. Die Zelte eines Campingplatzes wurden von dem Sturm weggewischt. Braune Wassermassen strömten durch die Gassen eines Dorfes. Menschen bildeten dicke Trauben unter den Steinbogen einer Brücke aus der Zeit der Römer.

Die Obergrenze des Gewitters lag bei 21 000 Fuß. Ich stieg auf 25 000 und flog einen Vollkreis im Raume Regensburg, Bayreuth und Bamberg. Der Dreck unter mir ähnelte einem riesigen Schwamm, der Schlammiges in sich aufgesogen hatte. Grelle Blitze liefen ohne Unterlaß von Nord nach Süd durch ihn hindurch.

Sollte es Frank noch nicht vernichtet haben – sollte sein Flugzeug ihm noch gehorchen, dann wußte ich, was er in dieser Lage tat: er schob den Nachbrenner hinein und nahm damit die Tonnen weg vom Steuerknüppel, den seine Hände nicht mehr länger halten konnten. Er kämpfte um den Weg nach oben. Er hätte nie daran gedacht, nach unten durchzustoßen.

Der Tod wartet stets in Bodennähe. Das Leben findet weiter oben statt. Im hellen Licht der Sonne wirft der Flieger seinen Alptraum fort und sieht sich um: Nord ist dort – ich muß das Flugzeug wenden. Außerdem: in ruhigen Luftschichten über dem Wetter findet bald auch der gute alte Kugelkompaß wieder zu seiner Ausgewogenheit zurück und weist den Weg nach Hause.

Nicht weit von der Stadt Hof stürzte sich ein Abfangjäger auf mich. Ich glaubte, die Aufforderung zum Tanz annehmen zu müssen, dachte, ich sei auf unfreundliches Gebiet geraten. Doch dann sah ich die Balkenkreuze und drehte nach Westen ab. Kostbare Minuten liefen mir davon. Der Rechenschieber ließ mich wissen, daß meine Tanks bald leer sein würden. Die Innenflächen meiner Handschuhe waren von Schweiß durchnäßt. Ich suchte nach einem Kaugummi und hatte keinen mehr. In dem Moment hob sich ein angeschlagener Frank aus dem Inferno. Sein Flugzeug sah erbärmlich aus. Vor seiner Kanzel fehlten ihm zwei Meter Nase. Der Fahrtwind preßte ein Gewirr von abgerissenen Kabeln wie tote Nervenstränge an einem schwarz verkohlten Bauch: Blitze hatten wütend die Radartechnik von dem wundgeschlagenen Rumpf getrennt.

Ich näherte mich Frank in aller Vorsicht, blieb seitlich-rückwärts so versetzt, daß ich seinen kranken Flug nicht stören konnte. Frank grüßte langsam zu mir her und stellte voller Zuversicht den Daumen hoch. Ich deutete nach Süd-Südwest. Er sah zur Sonne hoch und schien bereit. Ich kurvte ein und zeigte ihm den Weg nach Hause.

Nach solchen Flügen führt jeder Weg zur Bar.

»Rollt ein ganzes Faß herein!« rief Frank der Ordonnanz zu. »Wer heute nicht mehr fliegt, soll kommen, schlucken helfen!«

Der Andrang war nicht unerheblich, und das Bier floß endlos lange aus dem Faß.

Ich lehnte neben Frank an der Theke und sah zwei Phantom-Besatzungen zu, die viel Aufmerksamkeit erregten: die vier Männer tranken ihre Maßkrüge leer, während sie auf den Köpfen standen. Die Wette ging um 5 Mark bar.

»Eines hab' ich nicht ganz kapiert«, sagte Frank. »Sobald der Platz in Sicht kam, hast du dich davongeschlichen und bist gelandet. Vor mir, dem alle Eingeweide aus dem Bauche hingen. Warum?«

Ich lächelte verlegen.

»Mußte der Kleine mal aufs Töpfchen?«

Der Barmann gab mir mein drittes Bier. Frank fragte ihn nach seinem Namen. Er hieß Wormser.

»Sehen Sie den Herrn hier neben mir? Ganz in Orange gekleidet? Mit seinem schmucken grauen Lederjäckchen?«

»Jawohl«, sagte der Barmann.

»Er heißt Wenthoff und freut sich, Ihre Bekanntschaft zu machen, Herr Wormser«, sagte Frank. »Sollte er je das Wort an Sie richten, dann fragen Sie ihn doch bitte, warum er *vor* mir gelandet ist.«

»Der Luftnotstand galt für uns beide«, sagte ich. »Meine Fässer waren trocken.«

Frank schien auf der Resopalplatte der Theke etwas Wichtiges entdeckt zu haben.

»Sag das noch einmal, Kleiner . . .«

Ich konnte sehen, wie er eisig wurde, und kramte das große Lachen unter Freunden raus und erzählte ihm, wie leer meine Fässer schon gewesen sind, als ich mich aufmachte, nach ihm zu suchen.

Mein Lachen kam nicht zu mir zurück. Es zerbrach an seiner Härte.

»Du weißt vermutlich nicht einmal, was du getan hast.« Jedes Wort war kalt und leise und schnitt tief in mich hinein.

»Du hast *zwei* Flugzeuge aufs Spiel gesetzt, um *einem* Piloten den Weg nach Hause zu weisen?«

In der Bar wurde es still. Alle sahen zu uns her. Selbst die vier Aufklärer stellten sich wieder auf die Füße.

»Ich nehme an, du bist einmal Pfadfinder gewesen«, sagte Frank. Seine Augen waren hellgraue Gletscherspalten.

»Bitte, hör auf«, sagte ich.

»Jeden Tag eine gute Tat tun!« Seine Stimme blieb leise und schneidend. »Wir sind hier nicht bei den Pfadfindern! Und du solltest aufhören, stolz darauf zu sein, wenn du einem Kumpel aus dem Dreck hilfst! In diesem Leben hilft sich verdammt noch mal jeder selbst aus seinem eigenen Dreck, und die Männerfreundschaft an Lagerfeuern findet nur in den Träumen kleiner Jungens statt!«

Einer nach dem anderen verließen die Männer die Bar. Das

Fest war zu Ende. Verlegenheit ließ sie Nichtssagendes sagen, wie »Es wird wohl Zeit« oder »Mein Gott, ich muß ja morgen fliegen . . .«

Mir schlug die Wut einen Trommelwirbel in den Schläfen.

»Empfindest du denn überhaupt keine Verantwortung für den kostspieligen Flugapparat, den man dir anvertraut hat?«

»Du kannst aufhören, Sätze wie ein Fluglehrer loszulassen«, sagte ich.

Er war überrascht von meinem Widerspruch.

»Ich bin nicht mehr dein Schüler«, sagte ich.

»Nein«, sagte er. »Du scheinst so gut wie nichts von mir gelernt zu haben.«

Mit großer Mühe kehrten meine Gedanken zu den Lebenden zurück. Mylene stand vor mir, und die anderen saßen müde in den Sesseln. Der lange Bertram pfiff leise vor sich hin.

»Der letzte Satz hat Ihnen weh getan«, stellte Mylene fest.

»Ich bin ihm lange Zeit aus dem Weg gegangen«, sagte ich.

»Und er?« fragte Mylene.

»Für ihn hatte sich nichts geändert. Er konnte den Vorfall vermutlich schon am nächsten Tag hinter sich werfen. Und was ich über ihn dachte, kümmerte ihn wenig.«

Bertram erhob sich seufzend zu seiner vollen Länge. »Wir werden dieses Ereignis vor die Kommission bringen«, sagte er und gähnte, »auch wenn Wenthoff dabei nicht gut wegkommt.«

»Frank hat Sie verletzt«, sagte Lori Bertram zu mir. Die Kommission war ihr nicht wichtig.

»Ja.«

»Warum? Weil er Sie vor den anderen Männern abgekanzelt hat?«

Ich schüttelte den Kopf. »Weil er mir keinen Spielraum ließ für meine Fehler.«

»Eine Freundschaft mit Riß«, lächelte die Frau des Langen. »Die Glocke war gesprungen, und ihr Ton wollte nie wieder so hell und rein klingen wie zuvor.« Sie konnte es nicht verhindern, daß ihre Augen zu ihrem Mann hin wanderten.

»Und wer hat den Riß gekittet?« wollte Mylene wissen.

»Niemand«, antwortete ich. »Er ist von ganz allein geheilt.«

»Wie in einer Ehe«, sagte Lori Bertram.

»Ein Glück, daß Sie dieses eine Wort erwähnen«, meinte Wuttig und schob die Brille auf die Stirn, »fast hätte ich vergessen, daß sich meine verehrungswürdige Gemahlin daheim nach mir verzehrt.« Er rieb sich die geröteten Augen.

»Sehe ich Sie morgen?« fragte ich Mylene und hielt ihr meine Hand hin.

»Gern«, sagte sie, »rufen Sie mich an, morgen, nach Ihrem letzten Flug.« Ihr Händedruck war alles andere als zerbrechlich.

»Bevor ihr euch davonschleicht, habe ich noch eine Überraschung für die versammelte Runde«, sagte der lange Bertram.

»Nein, Wolfgang, du machst jetzt keinen *Irish Coffee* mehr!« protestierte seine Frau.

Bertram nahm einen Brief aus der Schublade seines schwedischen Schreibtisches. Er ließ sich Zeit mit dem nächsten Satz.

»Frank Tondern hatte einen Sohn.«

Jede Bewegung im Raum erstarb.

So muß es sein, wenn unerwartet ein Fenster eingeworfen wird: beim Klirren der Scheibe versteinern Arme, Beine, Münder. Die Augen wandern empört zum Stein, der über den Teppich rollt. Oder ein Schmalfilm läuft durch den Projektor: ich drücke auf die Taste *Standbild*, und aus Menschen in Bewegung wird ein Foto. Ich kann in Ruhe jede Eigenart studieren.

Der lange Bertram sah uns der Reihe nach an.

»Erstaunlich, wie man mit einem Satz müde Kerle wieder auf das Fahrrad bringt . . .«

Wuttig ließ sich in seinen Sessel zurückfallen. »Hast du das gewußt?« fragte er in meine Richtung.

Ich konnte nur den Kopf schütteln. Alle Augen wanderten zu Mylene. Sie stand neben mir und sagte nichts.

»Der junge Mann scheint unehelich zur Welt gekommen zu sein«, sagte Bertram. »Die unerwünschte Frucht einer Jugendsünde, aus Franks Zeit als Automechaniker in Frankfurt. Über die Mutter weiß ich bisher nichts. Der Thronfolger lebt bei ihren Eltern und hört auf den schönen Namen Richard.«

»Hat er dir diesen Brief geschrieben?« fragte Lori Bertram.

»Nein«, sagte ihr Mann, »die Großeltern.«

»Nun lies den Brief doch endlich vor!« sagte sie. »Spann uns nicht weiter auf die Folter!«

»Er ist mir heute nachmittag erst zu Gesicht gekommen«, sagte Bertram und nahm seine Lesebrille vom Schreibtisch.

»Sehr geehrter Herr Oberst Bertram«, begann er vorzulesen. »Wir wenden uns in einer hochwichtigen und für uns schmerzlichen Angelegenheit an Sie persönlich, da wir von den Delta-Werken auf unser diesbezügliches Schreiben nur eine unbefriedigende und ausweichende Antwort erhalten haben, indem man uns auf später vertrösten wollte, worauf wir aber nicht warten können. Von dem tragischen Tod des Herrn Tondern haben wir über die Delta-Werke eine Mitteilung erhalten, aber das ist schon lange her. Jetzt schreibt uns die Rechtsabteilung der Firma, daß die Unfallursache noch nicht geklärt sei und wir mit der Rente wohl noch etwas zuwarten müßten.

Herr Tondern hat zu seinen Lebzeiten für seinen Sohn

Richard alle Zahlungen stets pünktlich geleistet. Sie wissen sicher, daß Richard seit seiner Geburt bei uns lebt und seit dem Fortgang unserer Tochter vor fünfundzwanzig Jahren von uns versorgt wurde, was wir niemandem vorwerfen wollen, es ist nur eine Feststellung. Nach dem tragischen Tod von Herrn Tondern, der meine Frau und mich schmerzlich getroffen hat, sind nun die monatlichen Zahlungen ausgeblieben. Da wir selbst nur eine unerhebliche Rente haben, trifft uns dies sehr. Wir wenden uns deshalb mit der Bitte an Sie, sehr geehrter Herr Oberst Bertram, für uns ein gutes Wort einzulegen. Vielleicht sehen Sie sich dazu veranlaßt, weil Herr Tondern doch mit Ihnen hier beim Aero-Club in Egelsbach gewesen ist und Sie heute über Beziehungen verfügen. Wir bitten Sie recht sehr, uns mitzuteilen, wie es mit dem Versorgungsanspruch für Richard zukünftig sein soll und wer uns wenigstens pekuniär bei der Sorge und Arbeit unterstützt, welche wir mit dem armen Kind haben, und ob es wirklich so lange dauern muß, bis die Firma dem Sohn von Herrn Tondern seine Rente zahlt. Sonst müßten wir uns widrigenfalls in unserer Not an einen Rechtsanwalt wenden, um diese schmerzliche Angelegenheit gerichtlich zu klären. Wir danken Ihnen ergebenst für Ihre Mühewaltung und zeichnen hochachtungsvoll,

Walter und Martha Lippschitz.«

Der lange Bertram faltete den Brief zusammen. »Wieso nennen sie einen fünfundzwanzigjährigen Mann ein armes Kind?«

»Mich interessiert vielmehr, warum Frank uns nie etwas von einem Sohn erzählt hat«, sagte Wuttig. »Selbst wenn das Fräulein Mutter nicht geheiratet wurde, sind Väter sonst doch stolz auf einen Knaben. Söhne werden nicht verschwiegen.«

»Höchstens, wenn sie krank sind«, sagte Frau Bertram.

»Oder Knastbrüder«, sagte der Oberst, »Alkoholiker, was weiß ich.«

»Wenn Frank einen süchtigen Sohn hat oder einen Kriminellen, dann wissen das die Delta-Werke«, sagte Wuttig.

»Richtig«, meinte der lange Bertram und schnippte mit den Fingern. »Montag früh erfahren wir dann von meinem Freund, dem Psychologen, in welchem ungeheuren Ausmaß Frank seine Erziehungspflichten an einem unehelichen Sohn vernachlässigt hat.«

Er faltete noch einmal den Brief auseinander. »Es steht keine Telefonnummer dabei.«

»Die läßt sich herausfinden«, meinte seine Frau und ging zum Telefon. »Wie heißen die Leute?«

»Bitte, rufen Sie nicht an«, sagte Mylene. »Wenn Frank einen Sohn hat, will ich nicht mit ihm am Telefon sprechen. Ich möchte ihn besuchen.«

»Erstaunlich«, sagte Bertram.

»Nur für den, der Frauen nicht versteht«, sagte seine Frau.

Du hast den Propeller angeworfen und durch geordnete Gedanken einen Wirbelsturm gejagt, Mylene.

Was willst Du denn mit Richard Tondern? Oder soll er Lippschitz heißen. Oder wie, verdammt noch mal, der Kerl sich nennen mag. Willst Du sie sehen, die Frau, die vor Dir war? Jung kann sie nicht mehr sein, falls sie überhaupt noch lebt. Hast Du denn nicht gehört, was die Alten schrieben? Vor 25 Jahren ließ sie ein Kind zurück! Hätte Frank gewollt, daß Du ihn siehst, er hätte Dir den Sohn gezeigt! Was heißt das schon: der eigne Sohn? Ich bin mit Franks Gedanken aufgewachsen. Und lebe so, wie er es tat. Und werde auch so sein, wie er einmal gewesen ist.

»Leider kann ich Sie nicht nach Frankfurt fliegen«, hörte ich Wuttig sagen. »Es sei denn, Sie würden auf meinem Schoß sitzen.« Der einzige, der lachte, war er selbst.

»Ich könnte Mylene mit meinem Auto nach Frankfurt bringen«, sagte ich.

»Hat Wenthoff was Wichtiges zu fliegen morgen?« fragte der Oberst meinen Staffelkapitän.

»Morgen ist Sonnabend«, sagte Wuttig, »wir machen mittags Schluß. Ich komme ohne Alexander aus.«

»Hervorragend«, sagte Bertram. »Sie fahren morgen ganz früh los, Wenthoff. Wenn Sie den Sohn sprechen, finden Sie heraus, wieviel die Gegenseite weiß. Anschließend rufen Sie mich an. Das gibt mir Zeit, Ihre Ermittlungen in meinen Schriftsatz aufzunehmen. Sonntag abend müssen Sie zurück sein, denn Montag früh schleppe ich Sie als Zeugen vor den General.«

»Und Fräulein Malparte?« warf Frau Bertram ein.

Der Oberst sah sie fragend an. »Vielleicht möchte sie gar nicht mit Alexander fahren . . .«, sagte sie. »Solltest du sie nicht erst einmal fragen?«

Der lange Bertram stand verlegen da.

»Ich fahre gern mit Alexander«, sagte Mylene.

14

Die Sonne tastete sich mit blassen Fingern in die Ungewißheit eines neuen Tages. Mylene kam mir den Gartenweg entgegen. Keine Frau hat einen schöneren Gang. Ich warf ihre Reisetasche zu meiner alten abgewetzten auf den Rücksitz.

»Im Grunde hat sich's kaum gelohnt, schlafen zu gehen«, sagte ich.

»Mir haben die paar Stunden gutgetan«, sagte sie und nahm den rechten Sitz. »Ich bin einen weiten Weg gekommen. Manchmal denke ich, ich bin noch gar nicht richtig hier.«

Trotz der frühen Stunde war auf der alten Landstraße nach Hamburg schon ziemlich viel Verkehr. Autokolonnen sind kein Problem für mich. Mein kleiner Ford ist hochfrisiert und paßt in jede Lücke.

»Nur Fliegen ist schneller«, sagte Mylene. Ihre Hände hielten den Griff am Armaturenbrett fest umklammert.

»Rollen sich Ihre Zehen verkrampft nach hinten?« fragte ich.

»Ja«, lachte sie.

»Dann haben Sie Angst.«

»Ein wenig.«

Ich hielt vor der nächsten Kurve und stieg aus. »Rutschen Sie rüber.«

Wir tauschten die Sitze.

»Wollen Sie im Ernst, daß ich fahre?«

»Ja.«

»Warum?«

»Das gibt mir Zeit, Sie zu betrachten.«

Sie sah mich prüfend an. »Ihr Stolz ist nicht verletzt?«

»Weswegen?«

»Weil ich mich Ihrer Fahrweise nicht mit geschlossenen Augen anvertraue?«

»Fahren Sie endlich los«, sagte ich. »Bertram will, daß wir morgen abend zurück sind.«

Richard Tondern, wer immer dieser Knabe sein mochte, hatte mir ein Wochenende mit Mylene beschert. Ich nahm mir vor, nett zu ihm zu sein.

Wir liefen Hamburg an. Der Himmel färbte sich allmählich blau. Am anderen Elbufer erwartete uns ein Frühlingstag für Postkartenfotografen.

Mylene hatte die Schuhe ausgezogen. »Mit nackten Füßen fahr' ich besser.« Sie fuhr gut. Den weiten Rock hatte sie bis hoch über die Knie gebauscht. »Das ist bequemer so.« Mylene kannte keine Koketterie.

Bei der Abfahrt Fallingbostel verließen wir die Autobahn.

»Warum?« wollte sie wissen.

»Haben Sie schon gefrühstückt?«

»Nein.«

»Ich auch nicht«, sagte ich und navigierte sie zu einem Gasthaus.

Der *Heidkrug* ist ein Backsteinhaus mit Fachwerkbalken und einem Strohdach. Touristen finden dort nicht hin. Draußen, vor dem Haus, standen trotz der frühen Jahreszeit Tische unter einer großen Birke. Ihre Zweige wollten bereits grün werden. Die Luft war mild, der Himmel hoch, es roch nach jungen Blättern und frisch gepflügter Erde. Unter dem Oberbefehl eines unerträglich dummen Hahnes scharrten Hühner zwischen den Tischen herum, an denen niemand saß.

Die Wirtin war eine rundliche Person mit weizenblonden, straff zurückgekämmten Haaren und kugelrunden Augen. Sie freute sich, mich wiederzusehen. Ihre Umarmung war übertrieben herzlich. Sie drückte ein hartes Korsett und viel Busen an mich. Unter den Achseln roch sie nach Kölnisch Wasser, das aus Veilchen gemacht wird.

Wir aßen frische Brötchen mit hausgemachter Butter und Heidehonig. Die Milch zum Kaffee stammte von den schwarz-weißen Kühen, die ein Stück weiter östlich am Waldrand weideten.

Mylene lehnte sich zurück, breitete die Arme aus und reckte sich wohlig. »Sollten Sie mal wieder hierher fahren, lassen Sie es mich wissen. Ich komme mit.«

»Wenn es nach mir ginge, würde ich ohne Sie nie wieder irgendwo hinfahren.«

Der Blick, den Mylene mir gab, war ohne Überraschung.

Die Wirtin kam mit frischen Eiern aus dem Haus.

»Glauben Sie dem Charmeur kein Wort«, sagte sie zu Mylene. »Er ist noch nie allein hier gewesen. Leider!« Sie verdrehte spöttisch die Augen. »Immer, wenn ich denke, diesmal kommt er meinetwegen, steigt ein langbeiniges Wesen aus seinem Auto.«

»Immer dieselbe?« fragte Mylene.

»Gott bewahre!« rief die Dicke. »Jedesmal 'ne andere!« In der Tür zur Tenne drehte sie sich noch einmal um. »Aber so eine Schönheit wie Sie hat er noch nie hierher gebracht . . .«

Bevor wir weiterfuhren, liefen wir noch ein wenig durch eine Heide, die sich allmählich anschickte, zu blühen. Die

Kühe sahen uns nach, und die Wirtin stand ganz bestimmt am Küchenfenster, aber ich fühlte mich mit Mylene allein auf dieser Welt. Eine sanfte Spannung zog durch meinen Körper. Unser erster Spaziergang.

Sonnenkringel auf dem Weg und auf dem Gesicht des Mädchens. Ich legte meinen Arm um ihre Schulter. Sie ließ ihn dort. Mein Herz schlug laut: Sie war die Freundin meines Freundes, richtig. Aber zwischen uns kam Eifersucht nie vor. Er hat gewußt, daß ich sie liebte, und wußte auch, daß ich sie mir eines Tages holen würde.

Ich blieb stehen und sah sie an. Sie erwiderte den Blick. Unsere Augen umarmten sich. Lange. Dann wischte sie sich mit einer fahrigen Hand über die Stirn und ging weiter. Wir kamen zu einem See, dessen Ränder sumpfig waren.

»Wollen wir schwimmen?« fragte ich.

»Wie weit ist es bis Frankfurt?« Ihre Gegenfrage trug ein Lächeln.

Das Einbahnstraßennetz der großen Stadt am Main wird für den Fremden leicht zum Teufelsgarten. Wenn wir einen Passanten nach dem Weg fragten, sprach der Mann nur türkisch. Einmal half uns eine Frau, die nach rechts zeigte, wenn sie sagte, wir sollten links einbiegen. Straßenbahnen klingelten hysterisch-fordernd, wenn Mylene nicht sofort beim Richtungswechsel von der Kreuzung fuhr.

Als wir die Straße endlich fanden, die wir suchten, war sie menschenleer: Es war die Stunde aller Fußballspiele.

Der Vorort klebte wie ein trockener Pilz am Rand der Stadt. Mietkasernen der Jahrhundertwende nahmen den Großen Preis der Häßlichkeit für sich in Anspruch. Vierstöckige Flachdachklötze des Sozialen Wohnungsbaues machten ihnen den Titel streitig. Putz blätterte von Balkons, auf denen noch nie jemand gesessen hatte. Leinen, die hier gespannt waren, hingen ständig voller Wäsche, und Teppichstangen wurden zu Fußballtoren für die Kinder. Fernsehantennen machten aus Dächern futuristische Wälder. Die Straßenränder waren vollgestopft mit abgestellten Autos.

Wir parkten in der ersten Lücke, die wir fanden, und suchten das Haus Nummer 22 zu Fuß. In dem engen Treppenaufgang roch es nach Gemüsesuppe. Das blankpolierte Messingschild *Lippschitz* hing im ersten Stock. Ich klingelte. Einmal, zweimal. Hinter allen Türen liefen Radios und Fernsehapparate. *Yes Sir, I can boogieee.* Ich klingelte ein drittes Mal. *Und nun für Tante Waltraud in Trier das Lied ihres Herzens: Junge komm bald wieder!* Im dritten Stock knallte eine Tür. Ein Vater brüllte die Kinder an. Mylene sah aus dem Treppenfenster auf die Rasenfläche unten vor dem Haus. Das Grün war braun, zertrampelt.

»Schlimm?« fragte ich.

Mylene hob die Schultern, ohne zu antworten.

»Die Leute empfinden es nicht mehr als schlimm«, sagte ich. »Gewohnheit macht selbst Häßlichkeit erträglich.«

»Wie wollen Sie das wissen?« fragte sie.

»Ich bin in einem solchen Vorort aufgewachsen«, sagte ich.

In meinem Rücken ging eine Tür auf. Eine Frau mit einem geblümten Kleid steckte ihren Kopf heraus. »Wollen Sie zu Lippschitz?«

»Ja«, sagte ich.

Bonhoff wird den Strafstoß verwandeln! Bonhoff gegen Kargus!

»Da werden Sie heute kein Glück haben.«

»Wo könnten wir sie finden?«

Die Frau drehte an ihrem Gürtel aus Goldlack, spitzte die Lippen, schaute uns mausgrau an und sagte: »In der Laube. Am Wochenende sind sie immer in ihrem Schrebergarten.«

»Und Richard? Ist der auch nicht da?«

»Was wollen Sie denn von *dem*?«

»Wir sind seinetwegen hier«, sagte Mylene.

»Nicht möglich!« Die Geblümte zog viele Falten über ihre Stirn.

»Wo können wir Richard finden?«

»Sind Sie vom Gericht?«

»Nein«, sagte ich. »Arbeitet er möglicherweise Samstag nachmittags?«

Die Frau war entrüstet. »Aber der arbeitet doch nicht, der Richard!« Sie schloß die Tür und öffnete sie im gleichen Atemzug wieder. »Wenn die Alten in der Laube sind, ist Richard auch in der Laube.«

»Und wo ist der Schrebergarten?« fragte ich.

»Haben Sie ein Auto?«

Ich nickte.

»Dann sind Sie schnell da«, sagte die Frau und erklärte uns den Weg dorthin.

Die Schrebergärten begannen am Ende der Asphaltstraße. Sie drängten sich an den Bahndamm der Eisenbahn nach Würzburg. Auf der anderen Seite der Schienen begann die Satellitenstadt. Im Schatten schmalbrüstiger Hochhäuser spielten junge Leute auf eingezäunten Plätzen Tennis. Nur selten warf einer mal einen Blick über die zweigleisige Schneise, die ihre Welt des Fortschritts von Opas Komposthaufen trennte.

Alle Gärten waren winzig. Die Lauben erzählten von viel gutem Willen und wenig Geld. Hinter einem ausrangierten Eisenbahnwaggon lag die Parzelle 34. Der Zaun roch noch nach frischer Farbe. Die Johannisbeeren standen ausgerichtet wie die Zinnsoldaten. Unkraut wagte sich nirgendwo hervor. Vor der Laube bemühte sich ein Kirschbaum um seine ersten Blüten. Neben dem Bäumchen stand ein Tisch zwischen selbstgebauten Bänken. Auf einem Bretterstapel vor der Parzelle saß ein junger Mann. Er spielte mit einem gelben Tennisball. Selbstversunken warf er den abgespielten Ball mit einer müden Bewegung von den Füßen hoch bis hin zum Kopf. Immer wieder ließ er den Ball das kleine Stück durch die Luft fliegen. Zum Fangen nahm er beide Hände.

Die Gartenpforte stand offen. Eine Frau mit Kopftuch pflanzte Salat. Als sie uns kommen hörte, sah sie uns aus alten Augen an. Hinter der Laube trat ihr glatzköpfiger Mann hervor. Sein kräftiger Schädel leuchtete hell vor der lysolgetränkten Holzwand. In der Hand hielt er einen Hammer. Ich sagte, wer wir seien und wen wir suchten. Bei der Erwähnung des langen Bertram frischte sich das Gesicht des Mannes auf. Er legte den Hammer auf den Tisch.

»Hast du gehört, Martha«, sagte er zu seiner Frau, »Oberst Bertram hat keine Zeit verstreichen lassen.«

Die Frau erhob sich unter Mühen und mochte uns die Hand nicht geben, denn sie sei schmutzig von der Erde.

»Wir sind gekommen, Richard zu besuchen«, sagte ich.

»Tatsächlich?« wunderte sich die Frau. »Er wird sich freuen. Es hat noch nie einer nach ihm gefragt.« Sie legte eine Hand über die Augen und sah zu dem jungen Mann hin, der auf dem Bretterstoß saß und seinen Tennisball in die Luft warf.

»Richard, komm her!« rief der alte Mann ihm zu. »Du hast Besuch.«

Der Tennisball fiel in den Sand. Richard sah zu uns her.

»Komm!« rief Frau Lippschitz.

Der junge Mann nickte eifrig, sprang vom Holzstoß und suchte nach dem gelben Ball. Mit schief gelegtem Kopf entschloß er sich zum Lauf durch die Gartenpforte.

»Sag den Herrschaften einen schönen guten Tag«, rief die Alte.

»Guten Tag«, sagte Richard noch im Laufen. Den linken

Fuß zog er ein wenig nach. Als er vor uns stand, hob er den Kopf. Ein Bildhauer ohne Gnade hatte dem Gesicht das breite Grinsen des Idioten gegeben.

Ich wollte Mylene bei der Hand nehmen, sie fortführen, aber ich konnte mich nicht von der Stelle bewegen.

»Die jungen Leute sind extra deinetwegen gekommen«, sagte die Frau.

»Sie kommen meinetwegen, guten Tag«, sagte ihr Enkelsohn. Seine graublauen Augen wanderten von mir zu Mylene. Er legte seinen Kopf schief.

»Siehst du, wie er sich freut, Walter?« meinte die Frau.

Der Mann mit dem kahlen Schädel nickte.

Richard hielt Mylene den Tennisball entgegen.

»Er will Ihnen den Ball schenken«, sagte Frau Lippschitz. »Immer verschenkt er seine Spielsachen. Der Junge hat ein gutes Herz.«

»Danke«, sagte Mylene und nahm den Ball. Das machte den Irren glücklich. Er warf die Arme in die Luft und lief schnell hinter die Laube.

»Jetzt schämt er sich«, sagte Frau Lippschitz.

»Du brauchst nicht immer alles zu erklären, Martha«, sagte ihr Mann. »Es ist doch klar erkennbar, daß er sich schämt.«

Die beiden Alten sahen in uns die Vorboten einer besseren Zukunft. Frau Lippschitz kochte Kaffee auf der Elektroplatte in der Laube, und ihr Mann brachte eine Flasche Apfelwein. Wir mußten am Tisch neben dem verhärmten Kirschbaum Platz nehmen. Auf der Sitzbank ohne Lehne war viel Platz für zwei, aber Mylene saß eng an mich gepreßt. Für eine kurze Weile verschwammen meine beiden Gegenüber vor meinem Blick, und was sie sagten, nahm ich nicht auf. Ich spürte ihren Körper an meinem Körper, und meine Hand wanderte über den Tisch zu ihren Händen. Ganz leicht erwiderte sie den Druck.

»Ein schönes Paar«, hörte ich Frau Lippschitz sagen. »Sieh doch einmal, Walter, wie gut die beiden zueinander passen.«

Ihr Mann nickte ungeduldig. Er wollte sich nicht unterbrechen lassen. Die beiden jungen Leute waren aus dem Norden gekommen, um den Bericht seiner Sorgen entgegenzunehmen.

»Ich werde mich so kurz wie möglich fassen«, sagte er, »und ich will auch nichts beschönigen.«

Der Blick zurück war voller Bitternis für Walter Lippschitz. Im Krieg hatte er das Haus verloren, das sein ganzer Stolz gewesen war, und nach dem Krieg verlor er seine Tochter. Gerda war die einzige gewesen. Er hat sie sehr verwöhnt. In der Schule kam sie nicht recht weiter, und gegen seinen Willen lernte sie Friseuse. Die Tochter folgte ihm nicht mehr. Er ahnte auch, warum sie den Vater nicht mehr respektierte: als alle Männer Arbeit hatten in der Zeit des Wiederaufbaus nach dem Kriege, saß Werkmeister Lippschitz lange arbeitslos herum. Den Grund durfte jeder wissen – er schämte sich seiner Taten nicht: Walter Lippschitz war in der Partei gewesen. Die neuen Machthaber gaben alten Nazis keine Arbeit.

Lippschitz übernahm Aufträge aller Art. Die Hoffnung, die er zum Weiterleben brauchte, übertrug er auf die Tochter. Eines Tages würde Gerda den Mann nach Hause bringen, der ihrer aller Zukunft sichern könnte. Doch wen brachte sie, als die Zeit gekommen war? Einen Automechaniker ohne Gesellenprüfung, ohne Elternhaus und ohne Kapital. Einen Wirrkopf, der an Wochenenden Flugmaschinen bauen wollte, draußen in Egelsbach, beim Aero-Club.

Lippschitz verbot der Tochter, den Wirbelwind von Tunichtgut zu sehen. Frau Lippschitz zeigte mehr Verständnis für den Jungen, der allen Weibern gut gefiel. »In zwei, drei Jahren werden wir sehen, ob die Liebe gar so groß ist . . .«

Die Liebe kann nicht groß gewesen sein. Sie war auf jeden

Fall nicht dauerhaft. Das Strohfeuer brannte aus und erlosch. Gerda sah sich unter den anderen um, und Frank lief seinen hochgesteckten Zielen nach. Die beiden hätten auch nie zusammengepaßt. Schlimm wurde es dann allerdings, als Gerda die Eröffnung machte, daß sie schwanger sei.

»Wir drängten trotzdem nicht auf Heirat«, sagte Frau Lippschitz voller Stolz.

»Herr Tondern hätte sich nie drängen lassen«, meinte ihr Mann und trank ein wenig von dem Apfelwein. »Er hatte sich ein Ziel gesetzt. Verführungen unschuldiger Mädchen im Stadtwald störten dieses Ziel keineswegs – Heiraten hingegen paßte nicht in sein Programm.«

»Als das Kind kam, hat Herr Tondern die Vaterschaft nie bestritten«, sagte die Frau.

»Wie alt war Ihre Tochter damals?« fragte Mylene.

»Achtzehn. Selbst noch ein Kind.«

»Und wie ist sie mit dem Baby fertig geworden?«

»Gar nicht«, antwortete der Mann mit dem kahlen Schädel. »Sie hat das Kind meiner Frau überlassen und ist in die Innenstadt gezogen.«

»Weil sie dort Arbeit gefunden hatte!« verteidigte die Mutter ihre Gerda. »Sie war eine gute Friseuse.«

»Die beste der Stadt muß sie gewesen sein«, sagte Lippschitz bitter. »Wenn sie alle Jubeljahre mal ihr Kind besuchen kam, hatte sie teure Pelzmäntel auf dem Leib hängen.«

Seine Frau schwieg und besah sich die schwarze Erde unter ihren Fingernägeln.

»Vor einigen Jahren hat man sie mit Rauschgift erwischt«, sagte der Alte. »Wir haben es in der Zeitung gelesen. Gerda hat ihre Strafe abgesessen. Seitdem haben wir sie nicht mehr gesehen.«

»Die letzte Postkarte kam aus Istanbul«, sagte Frau Lippschitz. »Aber das ist auch schon zwei Jahre her.«

Ein harter Lehmklumpen zerbrach auf der Tischplatte zwischen Gläsern und Tassen. Mylene zuckte erschreckt zusammen. Ein zweiter Klumpen traf mich an der Schulter.

»Hör auf damit, Richard«, rief Herr Lippschitz laut.

»Er steht hinter der Laube und bewirft uns mit Lehm, weil er sich bemerkbar machen möchte«, erklärte die Alte glücklich.

»Früher haben sich Töchter ihrer Eltern angenommen, wenn sie alt und bedürftig wurden«, sagte Lippschitz. »Heute schreiben sie Postkarten aus Istanbul. Wir können von Glück sagen, daß sich wenigstens Richards Vater um seinen Sohn gekümmert hat.«

»Gekümmert hat er sich eigentlich nie um das Kind«, widersprach die Frau. »Er hat Geld geschickt, das ist wahr. Er hat sogar mehr überwiesen, als das Vormundschaftsgericht festgelegt hat. Selbst als es ihm noch nicht so gut ging, hat er pünktlich gezahlt. Aber gekümmert hat er sich um Richard nie. Wann hat er ihn zuletzt besucht? Vor vierzehn Jahren! Er ekelte sich vor dem Kind, das weiß ich genau. Ich habe gesehen, wie er es angeschaut hat. Der Kleine war ihm zuwider, weil er krank ist, verstehen Sie? Weil er nicht richtig ist im Kopf!«

Lippschitz nickte. »Vor vierzehn Jahren hat er das Kind abgeholt und ist mit ihm nach Heidelberg gefahren. Dort gibt es eine Spezialklinik. Die Untersuchung hat drei Wochen gedauert. Schließlich brachte er uns den Jungen zurück und sagte, es sei nichts zu machen. Der Junge würde Zeit seines Lebens ein Idiot bleiben. Seither habe ich Herrn Tondern nicht mehr zu Gesicht bekommen. Seine Zahlungen allerdings – die kamen immer zuverlässig.«

»Er hat sich losgekauft«, sagte Frau Lippschitz. »Geld hat er gegeben statt Liebe.«

»Das war aber auch das einzige, was wir dem Armen geben

konnten – Liebe«, sagte der Alte leise. »Er hat genug davon bei uns gefunden.«

Ich glaubte ihm.

»Jetzt kommt kein Geld mehr«, sagte Frau Lippschitz. »Was sollen wir nur tun?«

»Um uns ist es nicht rosig bestellt«, meinte der Kahlkopf. Mit schmal verbissenen Lippen hob er das Kinn und sah hinüber in den Nachbargarten. »Hoffentlich zeigt wenigstens Ihr Kommandeur ein Herz für uns.«

»Er hat Ihren Brief gestern erst bekommen.«

Ich wollte den alten Leuten wenigstens für die nächsten Tage ein paar der düsteren Gedanken vertreiben. »Übers Wochenende kann er zwangsläufig niemanden erreichen. Ich bin aber sicher, daß er schon Montag bei den Delta-Werken auf den Busch klopft.«

»Schön, schön«, sagte der Alte und brachte ein kleines Lächeln fertig.

Von den Tennisplätzen kam Applaus. Es fiel mir jetzt erst auf, daß ich die Züge auf dem Bahndamm nicht gehört hatte.

»Ist Richard mit dieser Krankheit auf die Welt gekommen?« fragte Mylene.

»Nein«, sagte Frau Lippschitz heftig, »und wenn Sie damit andeuten wollen, daß Geisteskrankheiten in meiner Familie erblich seien, dann irren Sie sich sehr!«

»Reg dich nicht auf, Martha«, sagte ihr Mann, »das ist nicht gut für dein Herz.«

»Auch in der Familie meines Mannes hat es Derartiges nicht gegeben. Wir haben Ahnenforschung betrieben. Zuerst mußten wir das tun, um nachzuweisen, daß es in unseren Familien keine jüdischen Ahnen gegeben hat. Es hat uns später Spaß gemacht, an das Kirchenamt in Neuruppin oder anderswo zu schreiben und schon nach wenigen Wochen eine Antwort mit Abschriften aus dem Taufregister zu bekommen. Wir sind bis

1648 gekommen! Bis zum Dreißigjährigen Krieg! Weiter ging es nicht, denn viele Dokumente sind mit den Kirchen verbrannt.«

»Bitte, konzentrier dich auf das Thema«, sagte der Mann.

»In über dreihundert Jahren und ich weiß nicht wie vielen Kirchenbüchern und Standesämtern sind wir nicht auf einen einzigen Fall von Geisteskrankheiten in unseren Familien gestoßen! Weder im Familienzweig meines Mannes noch in meinem!«

»Ich wollte Sie nicht verletzen«, sagte Mylene.

»Das hat Herr Tondern gründlich besorgt«, sagte die alte Frau böse. »Immer wieder hat er gebohrt und gebohrt und hat wissen wollen, ob es nicht doch Geisteskrankheiten bei uns gab. Ich habe ihm geraten, vor seiner eigenen Tür zu kehren! Denn da hat es doch wohl einen Fall von Selbstmord gegeben, nicht bei uns!«

Mylene entzog ihre Hände meinem Griff.

»Das ist mir neu«, sagte ich.

»Wissen Sie denn nicht, daß sich seine Mutter das Leben genommen hat?«

»Das stimmt nicht. Seine Mutter ist von einem sowjetischen Soldaten erschossen worden«, sagte ich.

»Dann war es seine Großmutter«, meinte die Alte und schlürfte ihren Kaffee, der inzwischen eiskalt war.

»Wissen Sie Genaueres darüber?« fragte ich.

»Nein«, sagte Frau Lippschitz und wurde allmählich wieder ruhig. »Sie soll schwermütig gewesen sein.«

»Von wem haben Sie das gehört?« wollte ich wissen.

Herr Lippschitz übernahm die Antwort. »Herr Tondern hat es eines Abends selbst erwähnt. Wir saßen in der Wohnstube und grübelten über den kranken Richard. Damals hat Herr Tondern von einem Fall der Krankheit in seiner Familie gesprochen. Er kannte ihn auch nur vom Hörensagen.«

»Der ganze Streit ist müßig«, sagte Frau Lippschitz müde. »Dr. Klein hat doch bescheinigt, daß Richard bei der Geburt ein ganz normales Baby war.«

»Ist das Ihr Hausarzt?«

»Seit ewigen Zeiten«, nickte Herr Lippschitz, »Kinderarzt, praktischer Arzt, er macht alles. Ein Mann der alten Schule. Jetzt hat er sich zurückgezogen. Seine Praxis macht ein anderer weiter. Aber für einen Teil seiner alten Patienten ist er immer noch da. Selbst in der Nacht, wenn es not tut.«

»Wissen Sie, wo wir ihn heute abend noch erreichen können?« fragte Mylene.

»Warum das denn?« wollte die alte Frau wissen.

»Es liegt mir viel daran«, sagte Mylene.

»Sie brauchen ganz sicher eine Bescheinigung wegen der Rentenzahlung durch die Flugzeugfabrik«, sagte Lippschitz zu seiner Frau, »verstehst du das denn nicht, Martha?«

Er schrieb die Adresse des Arztes an den Rand einer alten Zeitung. Sollte er nicht zu Hause sein, würden wir den Doktor im evangelischen Gemeindehaus eine Straßenecke weiter finden. Samstag abends spielte Dr. Klein dort immer Schach gegen Jugendliche aus der Pfarrei.

Als wir aufstanden, war es Frau Lippschitz gar nicht recht. »Du solltest sie nicht gehen lassen, Walter. Es gäbe doch noch soviel zu besprechen.«

Mylene gab den beiden die Hand und ging durch den kleinen Garten zum Sandweg nach draußen. Beim Holzstoß zögerte sie ein wenig, sah zurück zur Laube und ging dann langsam weiter.

Ich zählte meinen Bestand an Bargeld und sah, daß ich hundertundachtzig Mark erübrigen konnte. Die Alten wollten das Geld nicht nehmen, aber ich sagte, daß Frank mein Freund gewesen sei und daß sie es mir von der ersten Delta-Zahlung zurückgeben könnten. Frau Lippschitz trug die Scheine eifrig in die Laube, und ihr Mann rief nach Richard, der eilig um die Ecke gewatschelt kam. Mit schief gelegtem Kopf sah er mich aus verlorenen Augen voller Erwartung an. Ich sagte ihm, daß die Dame schon gegangen sei. Richard drückte das Kinn fest auf die Brust und wollte davonlaufen, aber der Großvater befahl ihm, sich von mir zu verabschieden. Der erste Anblick dieses Jungen am Nachmittag hatte meinen Magen revoltieren lassen. Eine Stunde später war es nicht mehr so schlimm.

»Ich weiß noch nicht, wann, Richard«, sagte ich, »aber eines Tages komme ich dich wieder einmal besuchen.«

Die Hand, die Richard mir blöde grinsend gab, war schwammig, kraftlos, ohne Leben.

»Er ist ja so ein netter Junge«, sagte Frau Lippschitz, »ganz harmlos, wirklich – und immer fröhlich.«

Mylene war blaß. Ich lernte ihr Profil auswendig. Eine Zeitlang schwiegen wir auf dem Weg zurück in den tristen Vorort am Rande der Stadt. Dann legte sie den gelben Tennisball in das Handschuhfach. »Sie haben den Leuten Geld gegeben?« stellte sie fragend fest.

Ich nickte. »Für die Rückfahrt müssen wir Ihre Ersparnisse anknabbern, damit wir nach Hause kommen. Falls wir überhaupt nach Hause wollen . . .«

Sie nickte und schwieg weiter. Nach einer Weile murmelte sie unvermutet und so leise, daß ich sie gerade noch verstehen konnte, »armer Frank«. Sie sagte nicht, »armer Junge« oder »armer Richard«. Sie sagte »armer Frank«.

Deine Worte trafen wie ein Peitschenhieb. Du warst dabei, Dich von Frank zu lösen. Du liebtest ihn nicht mehr. Er tat Dir nur noch leid.

Doktor Klein hieß nicht nur so, er war es auch: ein weißhaariges Männlein mit gescheiten Augen hinter dicken Brillengläsern. Er führte uns in sein Wohnzimmer, das einem Antiquitätenladen glich. Die Praxisräume im Erdgeschoß hatte er seinem Nachfolger überlassen. Er erinnerte sich sofort an den Fall, der ja noch immer sein Fall war, denn noch heute rief ihn Frau Lippschitz, wenn Richard irgend etwas fehlte. Die Mitteilung, daß der Vater seines Patienten tödlich verunglückt war, nahm er mit Gleichmut auf.

»Soso, abgestürzt ist er. Ein echter Fliegertod, nicht wahr? Ich erinnere mich nur vage an ihn, denn es ist schon lange her, seit er bei mir war. Vierzehn Jahre? Oder fünfzehn?« Der Arzt ließ sich auf einem Biedermeiersofa nieder. Er sah auf seine Taschenuhr am Ende einer langen goldenen Kette. Es war noch Zeit bis zum Schachspiel im Gemeindehaus. »Herrn Tondern interessierte vor allem die Ursache der bei dem Jungen konstatierten Debilität.«

»Was heißt das auf deutsch?« wollte ich wissen.

»Schwachsinn.«

»Angeboren?« fragte Mylene.

Dr. Klein beobachtete sie interessiert. »Vermutlich nicht. Richard litt im Alter von zwei Jahren an einer akuten Meningitis.« An mich gewendet, fügte er hinzu, »Gehirnhautentzündung.«

»Hat Frank von Ihnen wissen wollen, ob der Schwachsinn seines Sohnes die Folge jener akuten Meningitis gewesen sei?« fragte Mylene.

Wieder betrachtete der alte Arzt die schöne Fremde mit unverhohlenem Interesse. Er gehörte ganz bestimmt nicht zu jenen, die in der Jugend anderer eine Beleidigung für sich selbst entdeckten. Dieser alte Kerl war von der Sorte, die wippenden Brüsten junger Mädchen unter bunten Sommerblusen offenen Auges und mit einem Seufzer begegneten.

Er zögerte mit der Antwort, wußte, daß er sie eigentlich nicht geben durfte. Andererseits: Der Vater des kranken Kindes lebte nicht mehr, und die Fragestellerin war von ausgesuchter Schönheit. Mußte nicht ein alter Mann das Knie vor Schönheit beugen?

»Ja«, sagte Dr. Klein, »dieser Herr Tondern wollte es mit hundertprozentiger Sicherheit wissen, aber in der Wissenschaft gibt es keine hundertprozentige Sicherheit. Auch nicht in der Medizin. Nur der Tod, verstehen Sie? Der ist hundertprozentig.« Er lachte. »Also, ich kann Ihnen nur sagen, was ich damals auch ihm gesagt habe: die Debilität war sehr wahrscheinlich eine Folge der akuten Meningitis. Zur gleichen Diagnose ist übrigens auch die Psychiatrie der Universität Heidelberg gekommen, die mir ihre Befunde in meiner Eigenschaft als behandelnder Arzt seinerzeit zuschickte. Wie dem auch sei, mit hundertprozentiger Sicherheit läßt es sich andererseits nicht ausschließen, daß der Schwachsinn angeboren war. Die Krankheit ist sehr früh aufgetreten, als der Knabe kaum zwei Jahre zählte. Über seine geistige Entwicklung zuvor gibt es begreiflicherweise keine Angaben.«

»Ist jemals der Versuch unternommen worden, dem Kind medizinisch zu helfen?« fragte Mylene.

»Sie sind nicht nur schön, sondern auch klug«, stellte Dr. Klein mit Freude fest. »Sie folgern aus meinen Worten, daß ein ergebnisloser Eingriff sogar die These der Vererbung unterstreichen könnte. Oder hat Herr Tondern die Wurzel des Übels seinerzeit nicht in sich selbst gesucht?«

Mylene gab keine Antwort. Der Alte lächelte. »Nun, meine Verehrteste, nehmen Sie die Wahrheit hin: der Schwachsinn, woher er auch kommen mag, ist medizinisch nicht zu behandeln.«

Seine Augen verloren sich in der Bewunderung der jungen Frau, die vor ihm saß. In sein Lächeln mischte sich Bedauern, und sein Blick sagte: ›Ich würde Sie nicht mehr *sehr gut* lieben, *Madame*, aber ich würde Sie *sehr gern* lieben.‹

Draußen, vor dem Fenster, gab ein Frühlingstag, der schön gewesen war, sein Licht auf und erlaubte der Dunkelheit, die Häßlichkeit der Straßen zuzudecken. Ich hatte genug von dieser Vorstadt.

»Sie wollen ins Gemeindehaus – wir müssen noch nach Hamburg«, sagte ich. »Machen wir es kurz. Könnten Sie uns freundlicherweise ein Attest ausstellen?«

»Worüber?«

»Wir brauchen ein ärztliches Attest, das besagt, der Schwachsinn des Sohnes von Herrn Tondern war die Folge einer akuten Hirnhauterkrankung.«

Der kleine Arzt nahm endlich seinen Blick von Mylene.

»Wozu soll das dienen?«

»Für einen verunglückten Piloten ist die Untersuchungskommission vergleichbar mit dem Jüngsten Tag.«

»Welch faszinierender Gedanke«, sagte der Arzt.

»Es kommt noch schlimmer«, sagte ich. »Der Pilot tritt tot vor seine Richter, die noch leben.«

Der Alte dachte nach.

»Und seine irdischen Richter brechen über ihm den Stab, bevor es ihm gegeben ist, seine Unschuld zu beweisen . . .«

Ich nickte. »Sie werden beispielsweise sagen, der Pilot habe seinen schwachsinnigen Sohn aus purem Egoismus nicht zu sich genommen.«

»Papperlapapp«, sagte der Arzt, »Tondern war an Leib und Seele gesund. Weshalb sollte er sein Leben – und seine Arbeit – durch die deprimierende Präsenz eines Idioten überschatten lassen? Auch Wölfe beißen die kranken Tiere aus dem Bau. Und schließlich: wozu sind Großeltern denn da?«

»Eine derartige Aussage hat kein Gewicht, wenn sie von mir kommt«, sagte ich.

Der weißhaarige Mann schloß nachdenklich die Augen. Er warf einen Blick auf sein Gewissen.

»Sie können das Attest haben«, sagte er schließlich. »Wann brauchen Sie es?«

»Am liebsten gleich.«

»Gleich geht es nicht.« Er blinzelte mich an und sagte lächelnd: »Sie wollen doch, daß es wortreich ist, um noch mehr Gewicht zu haben. Menschen beten Worte an. Je mehr Worte, desto mehr Gebete.«

»In diesem Fall genügen eigentlich zwei Zeilen«, meldete sich Mylene mit leiser Stimme. Ihr Gesicht leuchtete in dem halben Dunkel der blauen Stunde. Der Arzt sah sie aufmunternd an. »Und wie würden die lauten?«

»Es kann mit an Sicherheit grenzender Wahrscheinlichkeit angenommen werden, daß die Debilität des Richard Soundso die Folge einer akuten Meningitis ist, die im Alter von zwei Jahren auftrat«, sagte Mylene.

»An Sicherheit grenzende Wahrscheinlichkeit hört sich gut an«, meinte ich.

»Es hört sich nicht nur gut an, es stimmt auch«, sagte das Männlein.

»Abschließend könnten Sie hinzufügen, daß Sie alle Angaben, Befunde, Krankenblätter und die Unterlagen der Heidelberger Psychiatrie herauszugeben bereit sind, falls die erziehungsberechtigten Großeltern Sie von Ihrer ärztlichen Schweigepflicht entbinden«, sagte Mylene. »Das aufzuschreiben kann nicht viel Zeit in Anspruch nehmen.«

Der alte Herr erhob sich langsam aus dem Sofa. Als er auf den Beinen stand, war er nicht merklich größer. Er ging zu Mylene und sah sie abschiednehmend an. »Bewundernswert, Verehrteste«, sagte er leise. »Absolut bewundernswert.«

Dann küßte er Mylene die Hand.

15

Rote Perlenschnüre zogen vor mir durch die Nacht. Wenn die Kolonne bremste, färbten Schlußlichter das Schwarz der Straße rot. Im Radio sang Charles Aznavour. Mitten im Lied wurde er unterbrochen. Die Ansagerin hatte gelernt, Todesurteile mit Glückwunschstimme zu verlesen: »Autobahn Frankfurt–Kassel. Massenkollision bei der Ausfahrt Gießen-Ost in Richtung Frankfurt. Bitte nähern Sie sich der Unfallstelle sehr langsam.« Die Scheinwerfer der Entgegenkommenden trugen einen Wettkampf mit den Lichtern der Autos aus, die hinter mir fuhren: die einen blendeten mit tanzenden Lichtern auf meiner Windschutzscheibe, die anderen sprühten Regenbogenfarben über den Rückspiegel.

»Wir hätten fliegen sollen«, sagte ich.

Mylene antwortete nicht. Sie schien zu schlafen. Für den Heimweg hatte sie mir das Steuer überlassen. Sie war müde.

»Keine Angst?« hatte ich sie gefragt. »Die Müdigkeit verdrängt die Angst vor der Fahrweise des leichtsinnigen Alexander?«

Ihre Antwort war ein Lächeln gewesen. Und ein leichtes Streicheln mit der Hand durch mein Gesicht. Das erste Mal.

The first time. Mir war ganz heiß geworden. *La premiere fois. La prima volta.* Alle ersten Male warteten noch auf uns: das erste Mal am Strand, im Kino, bei Gramps am See. Der erste Nachtflug. Das erste Mal an einem Fjord. Der erste Kuß. Und dann Mylene zum ersten Male ohne alle Kleider. Meine Hand lernt ihren Körper kennen, streicht über ihre Brüste, ihren Bauch, findet ihre Schenkel, die sich öffnen.

»Wollen Sie wissen, wo meine Gedanken sind?« Sie hatte nicht geschlafen.

»Bei dem Idioten«, sagte ich.

Sie fand das Wort nicht schlimm. »Und bei der schwermütigen Großmutter, die Selbstmord begangen haben soll.«

»Selbstmord in Franks Familie ist mir neu.«

»Warum hat er dann eine ganze Sammlung von Büchern über Vererbungslehre und Geisteskrankheiten in seiner Wohnung?«

Ich war überrascht.

»Am Fischmarkt. Im obersten Regal. Hinter den Bildbänden halb verborgen.«

»Was sind das für Bücher?«

»Fachliteratur. Psychopathologie. Genetik. Von Lenz, Freud, Jaspers, Weizsäcker, Hacker.«

Mylene gab mir den Schlüssel zu einer Tür, die Frank verschlossen gehalten hatte.

»Wir werden Gramps sagen, daß Frank gelogen hat. Er fand es nicht verantwortungslos, Kinder in eine beschissene Welt zu setzen. Er hatte vielmehr Angst davor, daß eine gesunde Mylene nichts als Idioten zur Welt bringen könnte.«

»Wir werden Gramps gar nichts sagen.«

»Warum nicht?«

»Frank hat über den großen Zweifel in seinem Leben nie zu uns gesprochen. Wir sollten aufhören, seine Seele zu zerfleddern.«

Rote und weiße Lichter liefen wie Leuchtreklamen über ihr Gesicht.

»Gramps hat Frank schon lange aus dem Kreis seiner Gedanken verdrängt«, sagte Mylene nach einer Weile. »Auch wir können nicht ewig alle Begebenheiten unseres Lebens an ihm messen . . .«

Mein Blick hielt sich an dem Fließband fest, das uns und andere Autos durch die Nacht bewegte.

Mylene hatte mich in ihr Leben aufgenommen. Sie teilte mir die Zukunft scheibchenweise zu. *Gott, ich liebe diese Frau!* Ich werde sie nicht drängen. Mit ihr will ich behutsam sein. Sie hat mir den Fingerzeig gegeben: *Als du die Zeit gemacht hast, Gott, hast du viel davon gemacht.*

Die hellwache Stimme im Radio versprach Nebel in der Senke vor Kirchheim. »Ich habe heute keine Lust zum Blindflug«, sagte ich. »Wie wär's mit Alsfeld?«

»Ist das die nächste Stadt?«

»Ja«, sagte ich. »Mit zwei bemerkenswerten Gesprächsthemen für die Zukunft: Das vierhundert Jahre alte Rathaus und das erste Dach.«

Mylene fragte mich mit ihren Augen.

»Unsere erste Nacht unter dem gleichen Dach«, sagte ich.

Im *Hotel Walpurgishof* waren noch zwei Einzelzimmer frei. Mylene freute sich auf eine ausgiebige Dusche, und ich meldete ein Gespräch mit Bertram an.

»Ich hatte die Hoffnung aufgegeben«, sagte er.

»Welche?« fragte ich.

»Von Ihnen heute noch zu hören.«

»Frank ist weiß wie Schnee«, sagte ich. »Der Psychologe kann ihn nicht zerpflücken.« Ich erzählte alles, was es zu erzählen gab. Als ich geendet hatte, sagte der Oberst: »Wir werden ein ärztliches Attest benötigen.«

»Ich habe es bereits in meiner Tasche.«

»Sie machen sich, Wenthoff«, sagte Bertram.

»Das Kompliment werde ich weitergeben. Ohne die Gegenwart unantastbarer Schönheit hätte der Arzt den Federkiel nicht in die Hand genommen.«

»Wenthoff?«

»Ja?«

»Sind Sie betrunken?«

»Noch nicht.«

»Wo ist Mylene?«

»Auf ihrem Zimmer.«

Er machte eine Pause. »Soll ich Ihnen das glauben?«

»Ja«, sagte ich. »Wo ist Ihre Frau?«

»Hier neben mir. Sie liest ein Buch. Warum fragen Sie?«

»Das ist der Unterschied zwischen uns beiden«, sagte ich zu ihm. »*Ich* glaube Ihnen!«

Der lange Bertram röhrte auf. Ich hatte ihn an der empfindlichsten Stelle gekitzelt. Er verschluckte sich, hustete und legte auf.

Die Fachwerkhäuser am Marktplatz waren angestrahlt. Sie hoben sich wie Pappkarton vom dunklen Himmel ab.

»Zu Ihrer Linken finden Sie die Hauptpost, und in dem Haus gegenüber soll Kaiser Wilhelm eine unvergeßliche Nacht im Bett seiner ihm in Inzest zugetanen Schwester Prinzessin Olga Luise verbracht haben.«

Mylene lachte. Ich gefiel ihr auch als Fremdenführer.

»Erzählen Sie der jungen Ausländerin doch nicht so einen Unsinn«, schimpfte eine Bürgerin der Stadt. Sie sah nach Turnlehrerin aus. Auf dem Gepäckständer ihres Fahrrades wölbte sich der Rucksack. »Das Gebäude vor uns ist das Rathaus, erbaut im Jahre 1512. Dort haben wir das Weinhaus, und dies hier ist das Hochzeitshaus.«

»In welcher Reihenfolge?« fragte ich.

Sie dachte nach und fand Verachtung. Nie wieder würde sie einen Blick an mich verschwenden.

»Das Hochzeitshaus ist ein sehenswertes Museum«, erklärte sie der Dame aus dem Ausland. »Sie sollten es besichtigen.«

»Haben Sie auch Wälder?« fragte Mylene.

»Herrliche Wälder«, sagte die mit dem Rad.

»Vergiß nicht zu fragen, wo hier der Fremde seinen Hunger stillen kann«, sagte ich zu Mylene.

»In den *Vogelsberger Stuben* gibt es eine gute Pizza«, sagte die Turnlehrerin.

Das Essen war gut, und der Steinwein gefiel mir, und das Licht der Kerzen huschte mit scheuen Fingern über ihr Gesicht.

»Dies ist nicht der erste Wein, den wir zusammen trinken«, sagte ich.

»Nein«, lachte sie. »Das erste Mal war letzte Weihnachten. Sie hatten ein ganzes Faß allein getrunken.«

Ihre schwarzen Haare lagen streng nach hinten und endeten in einem dicken Knoten. Der Schmuck in ihren Ohren war indianisch. Unbearbeitete Nuggets, so wie Gramps sie aus dem Fluß gewaschen hatte. Ihr Mund sah glücklich aus. Ihre Augen auch. Keine Frau hat schönere Augen.

»Als ich Sie küssen wollte, hat Frank dabeigestanden und gelacht.«

Ich hätte das nicht sagen sollen. Das Licht erlosch in dem Gesicht.

»Unsere Weihnachtsfeiern in *Schneiders Weinstuben* haben einen Ruf wie Donnerhall.« Meine Flucht ging nach vorn. »Marcello war nur deswegen aus Mailand angereist. Wer ist sonst dabeigewesen?«

»Die Bertrams und Heinz Wuttig mit seiner Frau.«

»Schnuck«, sagte ich.

»Richtig.« Sie lachte. »Der Pilot, der sich für unwiderstehlich hält, war auch dabei.«

»Wilmes.«

Sie nickte. »Seine Frau verzog ständig das Gesicht, wenn er etwas sagte. Sie muß ihn hassen.«

»Einem Ondit zufolge hat sie die Scheidung eingereicht. Sie spielt Harfe im Rundfunkorchester.«

Wir hingen lächelnd unseren Gedanken nach. Jeder für sich.

»Es war die letzte Nacht, in der ich Frank gesehen habe«, sagte Mylene.

Ich wußte das.

»Als ihr gehen wolltet, bin ich euch zur Garderobe nachgelaufen. Marcello kam auch hinterhergerannt. Die Garderobenfrau hat euch einen Mistelzweig geschenkt. Marcello schrie nach einem Kuß. Er hat den Mistelzweig über euch gehalten und zu Frank gesagt: ›Willst du denn nicht noch ein Jahr mit diesem Mädchen leben?‹ Frank hat gelacht. Es war ein schreckliches Lachen. Er konnte nicht aufhören damit.«

Mylene nickte. »Das gehört zum Bild der Krankheit.«

Ich ging dem Thema aus dem Wege.

»Dann hat er dich gefragt, ob du noch ein Jahr mit ihm leben wolltest, und du hast genickt, und dann habt ihr euch geküßt. Meine Freundin stand dabei und zog mich am Ärmel.«

»Sie ist sehr hübsch«, sagte Mylene.

»Marianne«, sagte ich. »Eine Studentin, Pony bis zu den Augen. Sie behauptet, ihre Stirn sei voller Falten. Und das mit dreiundzwanzig Jahren! Ich kann es nicht ausstehen, wenn man mich am Ärmel zieht. Warum kann das Mädchen nicht sagen: ›Laß uns tanzen gehen‹ oder ›Bring mich zum Tisch zurück‹ oder ›Ich mag anderen Menschen nicht beim Küssen zusehen‹?«

»Anschließend haben Sie darauf bestanden, mich zu küssen, und Marianne ist ins Restaurant zurückgelaufen. Sie hat die Tür zugeknallt, weil sie wütend war.«

Richtig. Ich hatte Mylene tatsächlich geküßt bei der Weihnachtsfeier. »Ich auch!« war mein Schrei gewesen.

»Du auch? Du was?«, wollte Marcello wissen.

»Ich möchte auch noch ein weiteres Jahr mit Mylene leben!« Dann habe ich Mylene an mich gezogen. Marcello hielt den Mistelzweig über uns. Er mußte sich auf Zehenspitzen stellen. Wir waren ein wenig zu groß für ihn. Mylene ist steif gewesen wie ein Brett in meinen Armen und hat zu Frank gesehen. Der hat gelacht und den Kuß gewollt. Viel ist nicht daraus geworden. Die Lippen waren unnachgiebig, hart. Und ihre Augen hingen an dem anderen. Marcello tanzte eine Tarantella. Die Garderobenfrau legte flache Hände an feiste Wangen.

»Heutige Zeiten!« Eilig nahm sie das Geld, das Frank vor sie auf die Theke legte.

Frank führte das Mädchen in die Nacht hinaus. Regen fiel auf Schnee, der voller Abgasfarbe war.

»Ist sie noch immer Ihre Freundin?« fragte Mylene. Der Steinwein schien ihr gut zu gefallen.

»Sie trinken den Wein, als handle es sich um Bourbon«, sagte ich.

Sie sah mich fragend an.

»Mit großen Schlucken«, sagte ich. »Wein sollte man genießen.«

»Ich bin eine Barbarin aus dem Wald«, lachte sie und nahm noch einen kräftigen Schluck. »Stört es Sie, daß ich Whisky mag?«

»Nein«, sagte ich.

»Sie sind meiner Frage ausgewichen«, sagte Mylene.

»Welcher?«

»Ob Sie die gleiche Freundin noch immer haben. Als eine unter vielen.«

Warum hackte sie nur auf diesem Thema rum?

»Nein«, sagte ich. »Marianne ist nach Berlin gezogen. Sie studiert dort Archäologie.«

Mylene stellte ihr leeres Glas auf den Tisch zurück.

»Bevor ich zu den anderen zurückgegangen bin, habe ich euch noch ein wenig im Regen nachgesehen, damals«, sagte ich. »Ihr habt euch nicht nach mir umgedreht. Ihr habt mich in der Nacht zurückgelassen wie einen Gegenstand, den man nicht mehr braucht.«

Mylene sah auf ihre Hände.

Ein Kellner kam und wollte wissen, ob wir fürs Dessert bereit seien. »Bringen Sie ein Faß vom gleichen Feuerwasser, fremder Krieger«, sagte ich. Der Mann ging mit tragischem Gesicht davon.

»Er hat Sie nicht verstanden«, sagte Mylene. »Mit Spaniern muß man langsam sprechen.«

»Erzählen Sie mir, was in der Nacht passiert ist«, sagte ich.

Mylene sah mich erschreckt an. »Das ist ziemlich viel verlangt.«

»Ihr seid in die Wohnung am Fischmarkt gegangen«, sagte ich.

Sie nickte. Ihre Augen waren zweitausend Jahre alt.

»Und?«

»Manchmal frage ich mich, wer mehr von der Beichte hat. Der Mann im Dunkel oder der reuige Sünder?« Ihre Stimme wurde so heiser wie die von Gramps.

»In meinem Mosaik fehlt das Bild des letzten Abends«, sagte ich. »Wenn du es mir jetzt erzählst, werde ich nie wieder fragen.«

Mylene verstand. Sie gehörte nicht zu den Frauen, die sich zieren. Die Schilderung der Nacht kam ohne Stocken.

Sie hatten *Schneiders Weinstuben* hinter sich und liefen durch den Regen. In allen Schaufenstern standen kleine Weihnachtsmänner, und an den Landungsbrücken blinzelte ein Tannenbaum im Regen.

»Euer Weihnachten ist schön«, sagte Mylene, »und die Art, wie ihr die Straßen heller macht, gefällt mir auch.«

»Das Fest der christlichen Nächstenliebe und des Einzelhandels«, nickte Frank.

Sie kamen an Bäumen vorbei, die ohne Blätter zwischen Häuserreihen standen.

»Als ich in Arizona stationiert war, habe ich die vier Jahreszeiten sehr vermißt«, sagte Frank.

»Warum fragst du eigentlich nicht, ob ich dich heiraten möchte?« – Die Frage hatte Mut gekostet. Frank schwieg. Mylene blieb stehen. »In der Welt von Gramps sollte ein Mädchen so etwas nicht fragen.«

»In meiner Welt fragt ein Mädchen so etwas auch nicht.«

Sein Lachen war nur ein halbes Lachen.

In der Wohnung über dem Fluß goß er sich ein großes Glas voll Whisky. Mylene legte eine Platte auf. *Jazz Goes Baroque.* Der alte Johann Sebastian Bach spielte in einer hallenden Kirche auf seiner Orgel. Eine Rhythmus-Gruppe von heute fiel ein und veränderte die Tempi. Daheim in Toronto fiel es Mylene nie ein, Bach zu spielen. Es war Musik, die zu Frank gehörte.

»Du wolltest von den vier Jahreszeiten sprechen.« Sie setzte sich auf seinen Schoß. Frank hielt ihr sein Glas an die Lippen. Sie nahm einen Schluck. Sie mochte Whisky.

»Ein anderes Mal«, sagte Frank. »Nicht heute.«

»Doch, bitte.«

Er sah sie schweigend an.

»Oft, wenn dein Gesicht lacht, sind deine Augen traurig«, sagte sie. »Warum?«

»Pokerspieler lassen sich nicht gern in ihre Karten gukken.«

Mylene legte ihr Gesicht an seine Brust. Sie wurde schläfrig. »Ich mag dein Hemd nicht.«

Er öffnete die oberen Knöpfe, damit sie ihr Gesicht an seine Haut legen konnte.

»Besser?«

»Besser.«

»Die vier Jahreszeiten«, sagte sie. »Frühling. Sommer. Und dann?«

»Er wußte, daß er ihr nicht mehr ausweichen konnte.

»Der Herbst wird wundervoll. Bevor der Arzt mir demnächst sagt, daß es Schluß sei mit der Testfliegerei, fange ich ein neues Leben an.«

»Und wo?«

»In Kalifornien.«

Sie lachte. »Gold suchen?«

»Leben«, sagte er leise.

»Mit mir?«

»Ich weiß nicht.«

Es klang endgültig.

Im Hafen pfiff eine Sirene laut und schneidend. Etwas weiter unten im Fluß antwortete ein sattes Horn mit drei langgezogenen Tönen.

»Warum erlaubst du anderen, mich zu küssen?«

»Anderen nicht.«

»Alexander ist kein anderer?«

»Nein.«

»Manchmal verstehe ich dich nicht.«

»Möglich.«

Sie küßte seine Haut zwischen dem weit geöffneten Hemd. »Darf ich dich etwas fragen?«

»Alles.«

»Was hast du gedacht, als dein Freund mich küßte?«

»Daß ihr ein schönes Paar seid.«

Mylene verstand ihn wirklich nicht. War er betrunken? Schickte er sie fort?

»Eure Kinder werden schön sein. Und gesund. Und auch gescheit.«

Sie wurde schwer in seinem Schoß. Ihren Blick zu ihm herauf nahm er nicht wahr. Er lächelte. Der Mann schien glücklich in seiner Welt, die ein Gestern hatte, ein Heute kennt und das Morgen in seinem Sinne zwingen würde.

Er hielt sein Glas an ihre Lippen. Sie schüttelte den Kopf. Er erkannte nicht, wie verletzt sie war. Die Platte lief zu Ende, machte »klick«, und die Autos, die von draußen zu hören waren, brachten ihn nicht in die Wirklichkeit zurück. Die Wirklichkeit fand in ihm selber statt.

»Ich werde nachweisen, daß die *Tango Tango* den neuen Stachel verkraften kann. Und dann gehe ich zu Walter Mitty.«

Mylene löste sich aus ihrer Versteinerung. »Gramps sagt, du willst im Wald leben und Buschflieger werden.«

»Postflieger in Kanada ist nur ein Teil von Walter Mitty . . .«

Der Mann war unberechenbar. Anders als andere Männer. Doch dann, bei näherer Betrachtung, wußte sie noch nicht so recht, was Männer in Wahrheit waren. Sie wollte aufstehen und wartete vergeblich darauf, daß er sie zurückhielt. Sie ging von Lampe zu Lampe und löschte nacheinander alle aus.

»Warum?« fragte er.

»Ich möchte schlafen gehen. Du nicht?«

Eine kleine Lampe brannte noch. Vor dem Fenster blinzelten tausend Lichter in dem alten Hafen.

»Es ist spät«, sagte sie.

»Später, als du denkst.«

»Das hat ein Chinese geschrieben.«

»Vor sehr langer Zeit«, nickte er.

Sie blieb vor ihm stehen und drehte ihm den Rücken zu. »Das Kleid hat viele Knöpfe . . .«

Die Knöpfe auf dem dunkelblauen Kleid waren unbearbeitete Türkise. Frank knöpfte und knöpfte und dachte, daß Gramps die Steine gefunden hatte.

»Wer ist Walter Mitty?« wollte Mylene wissen.

»Hast du nie von ihm gehört?«

Sie schüttelte den Kopf.

»Walter Mitty ist viele Menschen in einer Person. Ein Kalifornier. Unter anderem hat er einen fliegenden Zirkus.«

»Und?«

»Und er träumt davon, daß ich zu ihm komme, um für ihn zu arbeiten.«

Der letzte Knopf war aufgeknöpft. Das Kleid glitt zu Boden. Mylene drehte sich zu ihm um.

»Und?«

»Und dann werde ich Taschentücher vom Boden aufheben.«

»Taschentücher?«

Er nickte. »Mit einem Haken an der rechten Fläche. Oder von mir aus auch an der Linken . . .«

»Nicht möglich.« Sie lächelte.

»Doch«, sagte er ernsthaft.

»Du kannst Taschentücher vom Boden aufheben?«

»Ich glaube schon.«

»Kannst du auch Kleider aufheben?«

Er sah das Kleid am Boden. Dann sah er sie. Anders als bei Gramps am See war ihre Nacktheit diesmal wirklich nackt.

16

Am Sonntag abend kam das Weekend zu einem abrupten Schluß. Ich lieferte Mylene bei Bertrams ab und durfte nicht mehr lange bleiben.

Der Oberst schickte mich auf meine Bude: »Die Untersuchung beginnt sehr früh am Morgen. Wir müssen alle ausgeschlafen sein.«

Der lange Tisch des Letzten Abendmahls stand wieder zwischen Düsenaggregaten und Flugmaschinen. Der General Flugsicherheit schien von seiner Grippe arg geschwächt. Der Himmel vor den langgestreckten Oberlichtern des großen Hangars goß helles Blau über die düstere Gesellschaft. Ich brauchte nicht mehr von der Feuerleiter zuzusehen. In voller Montur stand ich vor der Kommission als Zeuge. Oberst Bertram hatte meinen unrühmlichen Gewitterflug als Punkt eins der Tagesordnung in die Waagschale geworfen.

»Der damalige Major Tondern hat dem jungen Piloten Wenthoff nicht nur ein Disziplinarverfahren angehängt, er war auch bereit, ihm für den Rest seines Lebens die Freundschaft aufzukündigen. Dies wiegt um so schwerer, als Tondern nicht nur Zuneigung für den jungen Mann empfand. Er behandelte ihn wie seinen eigenen Sohn. Trotzdem hielt er es für unverzeihlich, daß Wenthoff *zwei* teure Flugmaschinen in Gefahr brachte, um *einen* waidwunden Piloten vor dem Irrflug in die DDR zu retten!«

Ich stand dabei, als hätte mir jemand Torte ins Gesicht geworfen. Der General machte Notizen. Wir hatten Punkte gesammelt.

Der Psychologe meldete sich zu Wort. »Sie haben die Bezeichnung ›Sohn‹ im Zusammenhang mit Herrn Wenthoff gewählt, Herr Oberst.« Er machte eine Pause und genoß im voraus seine Überraschung. »Wußten Sie, daß der Testpilot Frank Tondern einen leiblichen Sohn hatte?«

Nur wenige der Zeugen zeigten Überraschung.

»Der Sohn ist bei uns aktenkundig«, sagte der Chefingenieur der Delta-Werke.

»Wir wissen von seiner Existenz«, sagte der lange Bertram.

»Frank Tondern hat die Mutter des Kindes nie geheiratet«, sagte der Psychologe. »Allein aus dieser Tatsache lassen sich Schlüsse auf den Charakter ziehen.«

»Nicht jede Mutter eines Kindes ist es wert, geheiratet zu werden«, sagte der Oberst. Am Tisch herrschte Empörung. Münder blieben offenstehen. Der lange Bertram ließ sich nicht beirren. »Es ist auch niemals nachgeprüft worden, ob Frank Tondern überhaupt der Vater ist. Die Mutter hat das Baby den Großeltern überlassen und ist über alle Berge in das Land von Milch und Honig und Pelzmänteln. Frank hat für das Kind gesorgt.«

»Er hat das Baby jedoch nicht zu sich genommen«, sagte der Psychologe.

»Wem hätte das genützt?« fragte der lange Bertram. »Selbst fürsorglichen Vätern wachsen keine Brüste.«

»Das Sinnbild ist zweifelsohne humorig, Herr Bertram«, sagte der General. »Es wäre jedoch empfehlenswert, Ihre Sprache zu mäßigen.« An den Protokollführer gewendet, fügte er hinzu, »der letzte Satz wird gestrichen.«

»Jawohl, Herr General«, sagte der Feldwebel.

»Nehmen Sie den folgenden Satz ins Protokoll«, sagte Bertram und dachte eine Sekunde nach. »Ein Flugzeugführer, der seinem Kleinkind im Bereitschaftsraum die Flasche gibt, kommt in meinem Geschwader in letzter Zeit recht selten vor.«

Alle lachten. Außer mir saßen noch andere Zeugen vor dem Tisch der Kommission: Verwaltungsleute, Flugzeugführer, Wachsoldaten und Mechaniker. Mylene wartete im Büro des langen Bertram.

»Das Kind war schwachsinnig«, sagte der Delta-Mann.

»Es gilt zu untersuchen, ob die Debilität erblich war«, sagte der Psychologe.

»Die Frage ist gegenstandslos«, sagte Bertram und legte das Attest aus Frankfurt vor.

Worte, Worte, Worte. Sie purzelten vom langen Tisch, liefen durch den zweckentfremdeten Hangar und hallten von den Wänden wider.

Was ohne unser Wissen über uns zusammengeklaubt wird, ist erstaunlich. Menschen werden archiviert. In Ämtern, Firmen, Streitkräften, Betrieben. Sie können uns »transparent« machen. So nennen sie das. Bei Bedarf ziehen sie uns aus Schubladen und führen uns vor. Neuerdings erwägen sie sogar, es noch gründlicher zu machen. Man wird uns in Computer schieben. Alexander Wenthoff verliert seinen Namen und wird eine Nummer, die ständig »abgerufen« werden kann. Bei Tag und Nacht. Ein Knopfdruck, und dann noch ein paar Sekunden Wartezeit. Dann spuckt der Fernschreiber mich in »voller Transparenz« auf den Schreibtisch des Vorgesetzten,

Bankdirektors, Polizeibeamten. Oder des Nachbarn mit Verbindungen. Nummer, Name, Geburtstag und Stunde, Eltern, Großeltern, Schulbildung, Berufsweg, weltanschauliche und politische Überzeugung, Parteizugehörigkeit, links, rechts, Mitte, verheiratet und wie oft, mit wem, Kreditwürdigkeit, Kinderkrankheiten und spätere Leiden, Eßgewohnheiten, sexuelle Potenz, dem eigenen oder dem anderen Geschlecht zugetan, Charaktereigenschaften, psychologische Testergebnisse, graphologische Gutachten, Horoskope.

Meine Gedanken wanderten aus der Halle. Sie flogen mit Mylene durch einen Fjord voll Eis und Schnee und dunkelgrauem Wasser. Wir werden uns eine *Piper Cub* mieten, mit Kufen, wie sie die Norweger überall im Winter fliegen. Ich werde tief aus dem Schatten des Fjordes nach oben in das Licht der Felsen stoßen. Wenn wir die Schallmauer von Dunkel und Hell durchbrechen, legt Mylene, die hinter mir sitzt, ihre Hände auf meine Schultern. »Gott, ist dieses Land schön.« Dann landen wir im Schnee. Unter uns liegt das zerrissene Land der Norweger. Wasserfälle, Dörfer, Fischerboote, Felsen und danach das offene Meer.

Ich werde dafür sorgen, daß solche Stunden uns ganz allein verbleiben. Kein Computer wird sie je in irgendeiner Transparenz auf irgend jemands Tische spucken.

Das Hin und Her der Worte von Männern, die sich und ihre Aufgaben sehr wichtig nahmen, fesselte mich nicht mehr. Neues wurde nicht gesagt. Dann wurde Mylene gerufen, und mit einem Schlag war alles anders. Ich stellte mich hinter ihren Stuhl. Mochten die Leute glauben, was sie wollten.

Die Stimme der einzigen weiblichen Person in diesem Verfahren kam laut und klar.

»Wir danken Ihnen, daß Sie sich die Mühe gemacht haben, den weiten Weg hierher zu kommen, Miß Malparte«, sagte der General. Ihren Namen mußte er vom Blatt ablesen.

»Oberst Bertram sagt, Sie würden sich nicht scheuen, auszusagen, auch wenn der Mensch, um den es geht, Ihnen sehr viel bedeutet hat.«

Mylene nickte. Der General gab dem Psychologen einen Wink.

»Wie lange kannten Sie den – Vermißten?« Das Verhör durch den Seeleningenieur hatte begonnen.

»Etwas mehr als zwei Jahre.«

»Wie war Ihre Beziehung zu ihm?«

»Sie brauchen diese Frage nicht zu beantworten, Miß Malparte«, sagte der General.

»Ich war seine Geliebte«, sagte Mylene.

»Was besagen will, daß Sie ihn sehr gut kannten«, stellte der Psychologe fest.

»Das will ich nicht behaupten«, sagte Mylene.

Der Psychologe zog die Augenbrauen hoch. »Sie sagten doch gerade, daß Sie – intim mit ihm befreundet waren.«

»Sind Sie verheiratet?« fragte Mylene.

»Allerdings«, sagte der Psychologe und drehte an seinem Ehering.

»Können Sie behaupten, Ihre Frau zu kennen?«

Die Frage machte alle Männer lachen. Der Psychologe brachte es fertig, Säuerlichkeit in Lächeln zu verwandeln. Der lange Bertram versuchte, das Ruder herumzuwerfen. »Verschiedene Fragen, die Sie Miß Malparte jetzt stellen wollen, erübrigen sich. Wir vom Geschwader haben diese Fragen schon gestellt: Abgespanntheit? Streß? Der Griff zur Flasche aus Angst vor dem Morgen? Jähzorn? Ein Leben ohne Liebe? Miß Malparte konnte unsere Bedenken zerstreuen. Ich habe das Ergebnis zusammengefaßt. Es liegt als Anlage C zu meinem Bericht bei Ihren Akten.«

Die Experten vertieften sich in ihre Unterlagen.

Der General wandte sich an Mylene. »Es ist Ihnen sicherlich

bekannt, Miß Malparte, daß unsere Flugzeugführer sich turnusmäßigen Tests zu unterziehen haben. Das Gleiche gilt für Testpiloten. Die Untersuchungen sind nicht nur medizinischer Natur.« Er machte eine Pause. »Der letzte Test wies bei Frank Tondern eine zunehmende depressive Neigung auf. Nennen wir es Melancholie. Dieser Test liegt ein Jahr zurück. Der nächste Termin war bereits festgelegt und Herrn Tondern auch bekannt. Interessanterweise ereignete sich der tödliche Unfall, den wir zu beurteilen haben, nur wenige Tage vor der nächsten Untersuchung.«

Ich sah, wie Mylene zusammenzuckte. In ihrem Schoß verkrampften sich die Hände. Dem Gesicht war nichts anzumerken. Sie hatte von Gramps gelernt, ihre Qual den anderen nicht zu zeigen.

»Wie groß war Ihrer Meinung nach die Sorge des fraglichen Piloten vor der nächsten Untersuchung, Miß Malparte?« bohrte der Psychologe.

»Nicht sonderlich groß«, sagte Mylene. »Für die Zeit im Anschluß an die Delta-Werke hatte er bereits andere Pläne.«

»Welche?« fragte der Vorsitzende.

»Buschflieger in Kanada.«

Der Delta-Ingenieur lächelte.

»Oder er wäre zu dem fliegenden Zirkus von Walter Mitty nach Kalifornien gegangen. Er sagte, er würde Taschentücher mit den Flächen vom Boden heben.«

Der Psychologe beugte sich nach vorn. »Zu welchem Zirkus?«

»Walter Mitty.«

»Wissen Sie nicht, wer Walter Mitty war?«

Niemand wußte es.

»Walter Mitty ist eine Figur aus dem Kino«, sagte der Psychologe übermäßig laut. »Ich glaube, Danny Kaye hat ihn gespielt. Ein kleiner Mann träumt sich in alle möglichen Abenteuer hinein. Er ist mal Frauenheld, mal Ritter ohne Furcht und Tadel. Im Grunde bleibt er immer Walter Mitty.«

Der Schlag war hart. Wir schwiegen alle. Der Psychologe machte sich Notizen. Da auf dem Vorfeld keine Düse angelassen wurde, konnte ich die Spatzen hören.

»Der fragliche Pilot muß sehr besorgt gewesen sein«, sagte der Psychologe, ohne von seinen Akten aufzusehen. »Er war im Begriff, eine große Liebe zu verlieren.«

»Frank Tondern hätte weiterfliegen können«, sagte Mylene, »mit und ohne die Phantasiefigur des Walter Mitty.«

»Ich meine nicht die Fliegerei.« Der Seeleningenieur quälte Mitgefühl in sein Gesicht. »Er war besorgt, die andere große Liebe seines Lebens zu verlieren. Sie!« Der Mann hatte uns alle im Griff.

»Herr Tondern war gut zwanzig Jahre älter als Sie, gnädiges Fräulein. Unterstellen wir einmal, daß er nie einen Gedanken an sein wahres Alter verschwendete. Er fühlte sich jung. Dann entdeckte er die Liebe zu einem Mädchen, das sehr viel jünger ist. Schöneres ist ihm in seinem ganzen Leben nicht widerfahren. Wundervoll! Und dann drängt sich ihm ein Gedanke auf, der neu für ihn ist: eines Tages werde ich ein alter Mann sein, und sie ist noch in ihren besten Jahren, in begehrenswertem Alter für die jungen Männer. An dem Tag entdeckt der Pilot sein wahres Alter. Der Gedanke frißt sich in ihm fest. Das Ende des Piloten ist bekannt . . .«

Das Schweigen im Hangar war nur von kurzer Dauer.

»Dies ist die Hypothese aus dem Erfahrensbereich eines Mannes, der in einer Welt von Kranken lebt!« rief ich. Meine Wut war groß.

»Wenn Sie schon ungefragt das Wort ergreifen, Hauptmann Wenthoff, verlange ich entschieden einen anderen Ton«, herrschte mich der lange Bertram an.

»Herr Oberst«, sagte ich, »der Arzt da vorne an dem Tisch

– ich kenne seinen Namen nicht – gefällt sich in der zweifelhaften Rolle eines Großinquisitors. Ich protestiere mit dem ganzen Zorn eines Flugzeugführers, der sein Bestes gibt und trotzdem auch mal einen Fehler machen kann. Oder das Flugzeug spielt verrückt. Was mache ich, tot oder lebendig, wenn ich vor den gleichen Mann wie den Psychologen da drüben gezerrt werde?«

»Mäßigen Sie sich!« warnte der Oberst.

»Der Mann ist nicht mein Vorgesetzter. Er ist ein Arzt. Ich behalte mir das Recht vor, auf seine ungeheuerlichen Thesen zu reagieren, wie ich will! Laut oder leise!«

Mylene drehte sich zu mir um. Oberst Bertram überlegte sich, ob er mich aus der Halle feuern sollte.

Der General sah mich voller Interesse an. »Was bringt Sie zu dem Vergleich mit einem Großinquisitor?«

Ich dachte nicht lange über meine Antwort nach. »Die Inquisition urteilte einst im Namen der allein seligmachenden, unduldsamen Religion eines pervertierten Christentums. Und der Großinquisitor hier, gemeinsam mit seinem Helfershelfer von den Delta-Werken, verurteilt im Namen der alleinseligmachenden, im Besitz der alleinigen Wahrheit befindlichen, gegen alle Andersdenkenden unduldsamen Religion der wissenschaftlichen Technik!«

»Ich verbitte mir derart blasphemische Vergleiche!« brüllte der Psychologe.

»Sind Sie katholisch?« brüllte ich zurück.

»Nein«, sagte er.

»Ich aber bin es«, sagte ich. »Und mit Blasphemie haben meine Worte nichts zu tun. Das Christentum ist eine große Lehre für den, der lernen will. Das Christentum hat selbst die Inquisition überlebt und auch ein paar Päpste, die nichts anderes waren als Scharlatane. Die Technik, die den Menschen hilft, und die Fliegerei im ganz Besonderen sind meinem Gott sehr nahe. Und unsere Fliegerei wird unduldsame, eitle Besserwisser wie Sie es sind, Herr Doktor, auf alle Fälle überleben!«

»Ich beantrage den Ausschluß des Hauptmanns Wenthoff«, sagte der Chefingenieur beleidigt.

Der Vorsitzende dachte nach. »Antrag abgelehnt«, sagte er dann. »Der junge Mann hat nur seinem Herzen Luft gemacht. Wer älter ist, sollte dafür Verständnis haben.« Er sah sich unter den Männern am langen Tisch um. »Haben wir noch Fragen an Miß Malparte?«

Der Reihe nach schüttelten sie die Köpfe. Mylene stand auf. »Ihre Fragen haben mich enttäuscht. Ich bin hierher gereist in der Erwartung, Sie wollten Entscheidendes mit mir besprechen. Meine Antworten sind aus dem Gewissen gekommen, nicht aus der Vernunft. Ich fühle mich weit von dem entfernt, was ich gehofft hatte, Ihnen sagen zu dürfen.«

Sie stellte sich neben mich.

»Wer sich nur auf Vermutungen stützt und auf Hypothesen, sollte nicht erst nach der Wahrheit suchen. Was er schlußendlich findet, ist nichts als eine neue Theorie.«

Mylene sah den Vorsitzenden an.

»Soll ich weiter sagen, was ich denke?« fragte sie.

»Ich bitte Sie sehr aufrichtig darum«, sagte der General.

»Frank ist zu einem Flug gestartet, dem keine Wiederkehr beschieden war. Mann und Maschine waren eine Einheit«, sagte Mylene. »Sie, die Richter über beide, machen es sich leicht: Sie streiten sich um das *Warum*. Die Suche nach der Wahrheit wird zur vordergründigen Beruhigung des Gewissens. Ich finde, Sie sollten zwei Begriffe wägen: die Tatsache und das Rätsel. Tatsache ist, daß ein Flugzeug zu ersetzen ist, wie teuer es auch sein mag. Den Mann ersetzt uns keiner. Und das Rätsel? Es liegt in einem Flug, der mit den Worten endete: ›Die Sonne . . . ringsum nur noch Sonne‹.«

Sie wandte sich ab und blieb nach ein paar Schritten noch einmal nachdenklich stehen.

»Erlauben Sie mir noch eine Frage, Herr General?«

»Jede«, sagte der.

»Sie fühlen sich doch sicher manchmal menschlich klein. Unzulänglich. Oder?«

»Wer tut das nicht?« sagte der General.

»Beweisen Sie in diesem Falle eine Art der Überwindung eingestandener Unzulänglichkeit, die ganz speziellen Mut erfordert.«

»Welche Art von Mut?« fragte der General.

»Den Mut, einen Aktendeckel zuzuklappen und draufzuschreiben: ›Die Wahrheit ist ein Schmetterling. Wir konnten ihn nicht fangen.‹«

Mylene ging an den Flugzeugen vorbei den langen Weg bis zu der Tür, die auf das Vorfeld in die Sonne führte.

»Schön wär's, wenn wir den blumenreichen Worten folgen könnten«, sagte der Psychologe.

»Wir sind mit unsrer Wahrheit wohl am Ende«, sagte der lange Bertram.

Der Vorsitzende schüttelte den Kopf. »Menschen bauen Maschinen. Dann bedienen sich Menschen dieser Apparate. Da wir voller Fehler sind, können auch Maschinen Schwierigkeiten machen. Am Ende schließt der Ring sich wieder: Wir fliegen mit der selbstgebauten Rakete zum Mond und auch zurück. Im schlimmsten Falle kann es sein, wie im Falle Frank Tondern, daß wir vom Flugfeld A abheben und auf dem Flugplatz B nicht ankommen.«

Die Experten am langen Tisch hörten dem General aufmerksam zu.

»In der Rechtsprechung gibt es ein Wort, das von Bedeutung ist für die Welt, in der wir leben«, sagte der General.

»Welches?« fragte der Psychologe.

»Im Zweifel für den Angeklagten.«

»Ein guter Grundsatz«, nickte der Ingenieur.

»Wir sollten ihn auf die Welt des Fliegers übertragen, den sein Flugzeug in Bedrängnis bringt«, sagte der General.

»Wie würden Sie den fliegerischen Grundsatz formulieren?« fragte der lange Bertram. Er hoffte, die Antwort zu kennen.

»Im Zweifel für den Piloten«, sagte der General. »Im Zweifel immer für den Menschen.«

17

Die Sitzung war zu Ende, und ich lief nach draußen, Mylene zu suchen. Der lange Bertram fing mich ab. »Sie nehmen eine zweisitzige 104 und fungieren als Copilot für den General auf seinem Weg nach Hause.«

Meine Enttäuschung ließ den Oberst lachen. »Er will nur nach Köln. Das ist doch gleich um die Ecke. Zum Dinner mit Mylene sind Sie zurück.«

Ich war nicht froh darüber. Was ich Mylene zu sagen hatte, durfte nicht lange warten.

»Der General ist ein erfahrener Düsenpilot«, sagte Bertram, »nur dürfen Männer in dem Dienstrang nicht mehr alleine fliegen. Dienstvorschrift.«

»Wo ist der Pilot, der mit ihm hierhergekommen ist?«

»Er geht per Eisenbahn zurück. Der General hat ausdrücklich Sie für den Rückflug ausgewählt. Ihr Angriff auf den Großinquisitor hat ihm gefallen.«

Ich saß auf dem Rücksitz und war so gut wie arbeitslos. Ab und an mußte ich Frequenzen eindrehen oder Koordinaten. Der Alte flog wie ein Junger. Ich sah mich um. Wir flogen über Fabriken und ein paar kleine Wälder.

»Ich habe Sie nur mitgenommen, weil ich ein paar Takte mit Ihnen reden wollte, Wenthoff«, sagte der Mann vor mir unverhofft. »Hier, in der Luft, sind wir ungestört.« Er flog in der angegebenen Höhe und auch sonst nach Vorschrift. »Haben Sie den Film ›Odyssee 2001‹ gesehen?«

»Nein«, sagte ich.

»Sie sollten sich den Film ansehen. Die junge Kanadierin auch. Die Schlüsselszene des Ganzen ist der Kampf des Piloten gegen den Computer. Das Elektronengehirn des Raumschiffs wird plötzlich größenwahnsinnig, will zum Tyrannen werden. Es beginnt, Besatzungsmitglieder zu vernichten. Der Pilot hat nur eine Wahl: Er reißt dem Computer die Kabel aus dem Gehirn. Stück für Stück. Der Computer wird fehlerhafter, verliert sein Wissen, seine Macht. Er wird jünger, dann kindlicher. Schließlich singt er ein Kinderlied. Und dann ist er nichts weiter als Drähte und Spulen. Er ist in den Bauch des Menschen zurückgekehrt. Er ist unwichtig geworden. Ohne den Menschen ist er ein Nichts.«

»Ich werde mir den Film ansehen«, sagte ich.

Wir schwiegen eine Zeitlang.

»Irgendwo habe ich von einem Techniker eine philosophische Betrachtung gelesen. Er schrieb, es würden nicht die Ratten sein oder andere intelligente Tiere, die eines Tages die Macht über uns Menschen ergreifen würden, wie eine weitverbreitete Ansicht besagt«, murmelte der General vor sich hin. »Vielmehr werden es Maschinen sein, die uns zu Sklaven machen, wenn wir nicht achtgeben. Denkende Maschinen – von uns selbst geschaffen.«

Ich hatte den General in Köln abgesetzt und war nach Wilstensen zurückgeflogen. Vom Bereitschaftsraum rief ich bei Bertrams an. Mylene war nicht mehr da. Sie hätte ihren Koffer genommen und sei nach Hamburg gefahren worden.

Als ich in die Wohnung am Fischmarkt kam, war sie schon da. Sie hatte alle Fenster aufgerissen und sah auf den Fluß hinunter. »Es war sehr stickig hier im Zimmer.«

Die Nacht hatte viele Lichter. Ihre Augen waren rot vom Weinen.

»Ich habe meine Kleider eingepackt«, sagte sie. »Die Endgültigkeit eines Abschieds sieht man an toten Gegenständen.«

Ich verstand sie nicht.

»Anzüge im Schrank, die nie wieder von ihm getragen werden«, sagte sie. »Das aufgeschlagene Buch da drüben. Die Kaffeetasse auf dem Küchentisch. Er hatte keine Zeit gehabt, sie wegzuräumen.«

»Ein Mann, der sich umbringen will, räumt auf, bevor er sein Haus verläßt«, sagte ich.

»Es gibt auch Sterben als eine Eingebung des Augenblicks ...«

»Ich habe einen unsagbaren Durst«, sagte ich.

»Im Eisschrank liegen ein paar Flaschen Bier.«

Ich fand den Kühlschrank gut bestückt, und auf einem Beisetztisch standen die härteren Sachen.

»Es gibt auch Whisky«, rief ich ihr zu.

»Bier ist mir lieber«, antwortete Mylene. »Das Glas können Sie weglassen. Ich trinke aus der Flasche.«

Ich ging zu ihr zurück und angelte mir den Band Nummer 12 des Brockhaus aus dem Bücherbord.

»Was wollen Sie nachschlagen?« fragte sie und trank vom Bier wie ein gelernter Kutscher.

»Melancholie«, sagte ich und fand die Stelle.

»Lesen Sie vor«, bat Mylene.

»Eine von schwermütiger Ahnung des Niedergangs oder von Bedrückung durch die Sinnlosigkeit des Lebens, auch von

Trauer über die Begrenztheit der eigenen Möglichkeiten geprägte Grundstimmung, die besonders bei geistig hochstehenden Menschen auftritt. Sie kann als charakterologische Gegebenheit in allen Hochkulturen beobachtet werden.«

Ich sah von dem dicken Wälzer auf. »Es folgen Hinweise auf das Alte Testament, Psalme und Werke von Dürer.«

»Eine Krankheit wie gemacht für Künstler«, sagte Mylene.

»Und auch für Frank.« Ich blätterte um. »Im medizinischen Sinne steht hier Interessantes: ›Zyklothyme Depression, Schwermut, die dazu neigt, öfter wiederzukehren. Auch Phase der manisch-melancholischen Krankheit. Gefärbt durch die niedergeschlagene und lebensüberdrüssige Grundstimmung, erscheint die Welt dem Kranken leer und düster. Seine Gedanken sind von Hoffnungslosigkeit und Angst bestimmt. Minderwertigkeitsideen sowie unbegründete Selbstvorwürfe machen das Leben zur Qual, so daß der Selbstmord oft als einziger Ausweg erscheint. Häufig findet sich eine unterschiedliche Schwere der Melancholie im Tagesablauf, wobei die Stimmung gewöhnlich in den frühen Morgenstunden ihren Tiefpunkt erreicht und sich das Gemüt abends aufheitert. Ablenkende Gesellschaft und Alkohol vertreiben vorübergehend die trüben Gedanken.‹«

Ich stellte das Buch in die Lücke zwischen den anderen Büchern zurück.

»Ich muß die Schuhe ausziehen«, sagte ich. »Sie sind neu und drücken etwas über dem Spann.«

Sie ging ins Schlafzimmer und legte Kleider in ihren Koffer.

»Ich habe den General nach Köln begleitet.«

Ich sah, wie sie den sternförmigen Bergkristall vom Nachttisch nahm und ihn wieder zurücklegte.

»Gleich nach der Landung habe ich vom Fliegerhorst bei Bertrams angerufen. Du warst nicht mehr da.«

»Es ist ein schwerer Tag gewesen. Ich konnte das mitfühlende Gesicht von Lori Bertram nicht länger ertragen.«

»Ist es dir schwergefallen, vor der Kommission zu sprechen?« fragte ich.

Sie nickte. »Man muß Dinge sagen, die man eigentlich vergessen will.«

»Du bist wunderbar gewesen«, sagte ich. »Hinter deinen Worten habe ich die Stimme von Gramps gehört.«

»Warum?«

»Die Frage nach der Wahrheit kam aus alten Quellen. Sie klang indianisch.«

»Schon möglich«, sagte Mylene.

»Der Gedanke ist richtig«, sagte ich. »Es kann nicht nur eine Wahrheit geben. Es gibt deine Wahrheit, meine Wahrheit und die des anderen, der alles überblicken kann.«

»Pontius Pilatus hat auf der Suche nach der Wahrheit eingesehen, wie unwichtig er selber ist. Ein Werkzeug, sonst gar nichts. Ich glaube, er hat sie erkannt, die Wahrheit. Das hat ihn erschreckt. Da hat er schnell die Augen zugemacht vor seiner Wahrheit.«

»Und das Urteil verkündet?« fragte ich.

»Und sich die Hände gewaschen«, sagte Mylene.

Sie kam zu mir und gab mir den Schlüssel zu der Wohnung. Er war aus Gold. Ein Geschenk von Frank. Sie trug ihn an langer Kette unter ihrer Bluse.

»Hast du den Schlüssel oft benutzt?« fragte ich.

Sie nickte.

»Behalt ihn.« Merkwürdig, ich spürte keine Eifersucht.

»Was soll ich mit dem Schlüssel jetzt noch tun?«

»Ihn benutzen«, sagte ich. »Wenn du wiederkommst, warte ich auf dich in diesem Zimmer.«

»Ich will hierher nicht wiederkommen.«

»Dann brauche ich die Wohnung nicht zu übernehmen.«

Sie schwieg.

»Ich wollte die Wohnung auf mich überschreiben lassen«, sagte ich. »Alles soll so bleiben, wie es war.«

»Verkauf die Wohnung. Und auch alle Möbel.«

»Und dann?«

»Gib das Geld den Großeltern in Frankfurt. Sie werden nicht ewig leben. Richard muß sicher bald in ein Heim für Kranke.«

Wir schwiegen. Mein Glas war leer. Es blieben nur noch ein paar Stunden. Mit der Frühmaschine mußte Mylene nach Frankfurt. Ihr Dienst begann auf der EL AL nach Tel Aviv.

»Ich liebe dich«, sagte ich.

Sie hatte keine Antwort.

»Du hast Frank geliebt. Ich habe ihn geliebt. Ist es da nicht nur allzu logisch, daß wir beide uns lieben?« Ich sah sie an, während ich warten mußte. Mylene hob die Schultern und ließ sie wieder sinken. »Liebe. Logik.« Sie hielt mir ihre Hände wie Waagschalen entgegen. Weil sie nicht weiter wußte, ging sie zur Tür.

»Wo willst du hin?«

»Ich brauche Luft. Kommst du mit?«

Der Fahrstuhl war angefüllt mit Schweigen. Auf dem menschenleeren Fischmarkt sagte sie: »Hast du nichts vergessen?«

Sie meinte meine Schuhe. Ich stand auf Socken zwischen Orangenschalen und welkem Weißkohl. Sie lachte. Dann gab sie mir einen Kuß. Er war nur flüchtig und kann nicht als *der erste* zählen. Ein mütterlicher Kuß. Angefüllt mit viel Verständnis. Ich holte meine Schuhe aus dem achten Stock. Als ich in die Nacht zurückkam, sprach Mylene mit einem Polizisten.

»Wir werden einen trockenen Sommer kriegen.« Die weiße Mütze, die er trug, ließ ihn wie einen Kapitän erscheinen. Ich schlug dem Mann auf die Schulter und ging mit meinem Mädchen weiter.

Der Mann in der Würstchenbude trug ein Haarteil. Es war ziemlich schräg gerutscht und ließ ihn bedauernswert erscheinen. Er hatte nur noch Schaschlik. »Ein polnisches Schiff liegt im Hafen«, sagte er. »Wenn die Polen kommen, fressen sie mir die Wiener schlankwegs vom Rost.«

Sein Schaschlik blieb mir zwischen den Zähnen hängen. Der Mann gab mir ein frisches Bier.

»Laß uns irgendwohin gehen«, sagte ich. Sie schüttelte den Kopf. »Es ist alles noch zu früh.«

Zu früh bedeutete, die Zeit war noch nicht gekommen. Die zwei Worte sagten aber auch, daß die Zeit eines Tages kommen würde.

»Verstehst du das?« fragte sie.

»Ja«, sagte ich.

Wir konnten nicht in den achten Stock zurück. Alles dort sprach noch von Frank. Die zwanzig Quadratmeter Einsamkeit auf dem Korridor der Junggesellen war auch keine gute Lösung. Und ein Hotel kam nicht in Frage.

»Eines Tages werde ich erwachsen sein«, sagte ich.

»Und?«

»Und einen Schlüssel haben, der mir selbst gehört.«

Sie nahm ein Taschentuch heraus und wischte Möwendreck von der Bank auf dem Ponton. Ich mußte lachen.

Wir sahen den Lichtern im Hafen zu. Sie ließ sich von mir küssen. Und hielt sich an mir fest. Sie brauchte mich. Außer mir gab es nur noch Gramps in ihrem Leben.

18

Die Nordsee läßt sich pflügen. Man muß nur wissen, wie. Wilmes hat es mir gezeigt.

»Siehst du irgendwelche Möwen?« hörte ich seine Stimme in meinem Helm.

»Nein«, sagte ich. »Ein Sturm kommt auf. Die Möwen sitzen alle unter Land.«

»Fischerboote sind auch keine da . . .«

Ich sah mich um.

»Nichts.«

»Na, denn man los«, sagte Wilmes. »Wir hängen uns so tief wie möglich übers Wasser.«

»Einverstanden.« Ich flog so tief, daß die Wellen gierig nach meinem Bauch leckten.

Wilmes blieb dicht neben mir.

»Und jetzt die Spritze«, sagte er.

Ich gab den Nachbrenner hinein. Die Maschine schob nach vorn und freute sich auf die Schallmauer.

»Mach eins«, sagte ich.

»Dreh dich mal um«, sagte Wilmes.

Ich sah nach hinten. Wir zogen Ackerfurchen durch die

Nordsee. Steile Wände stiegen aus dem Meer, richteten sich als Mauern auf und leuchteten wie Gletscher in vielen Farben.

»Moses hätte uns unter Vertrag genommen, wenn er von uns erfahren hätte«, sagte ich.

»Moses?«

»Wir hätten ihm 'ne Schneise durch das Rote Meer gepflügt.«

»Paß auf, ein Frachter«, sagte Wilmes. Wir flüchteten steil nach oben. Unsere Ackerfurchen fielen in sich zusammen. Hohe Wellen gingen mit dem armen Boot zukehr.

»Der Skipper fragt sich jetzt, wer ihm die Schaukelei beschert hat«, sagte ich.

»Wenn wir den in unseren Strahl genommen hätten, wäre er gekentert«, sagte Wilmes.

Ich sah mich um. Das Boot lag unbeirrt auf Südkurs.

Solange sie mich fliegen ließen, kam ich mit dieser Welt zu Rande. Das Warten im Bereitschaftsraum zog sich dahin wie ein altes Gummiband. Von Mylene kam nicht ein Wort. Einmal, spätnachts, habe ich angerufen. Die Nummer in Jerusalem gab keine Antwort.

Der Würstchenmaxe am Fischmarkt wurde mein neuer Freund. »Mann, haben Sie denn kein Zuhause?« Sein Schaschlik war mir das liebste Abendbrot. In der Wohnung über dem Fluß bin ich nur einmal gewesen. Ich hatte einen Makler hingeführt, der sagte, sowas verkaufe sich ganz leicht. Zwei Dinge habe ich mitgenommen: das Foto von Mylene und die Fliegerkarte von Ontario. Ich brauchte kein Bild von ihr. Nie wieder würde ich ihr Gesicht vergessen. Aber der künftige Besitzer der vier Wände sollte sie nicht begaffen. Die Fliegerkarte mit den vielen Seen hatte Frank sich rahmen lassen. Ich hing sie in meiner Bude auf.

Soweit es das Wetter betraf, wurde es der schönste Frühling seit langer Zeit. Der Rasen im Garten von Frau Bertram war gewachsen. Ich durfte ihn betreten. Manchmal, an Wochenenden, lag ich dort und ließ mich bräunen. Für wen? Ich machte mir Gedanken um die Zukunft. Aus dem Schicksal meines Freundes hatte ich gelernt. Testfliegerei war bei mir nicht drin. Fluglehrer im Aero-Club? Kam nicht in Frage. Elke fand, ich sollte Bücher schreiben.

Sie hatte mich zum Strand geschleppt. Wir lagen in den Dünen und blinzelten träge in die Sonne.

»Wie bist du Flieger geworden?« wollte sie wissen.

»Andere kleine Jungens interessieren sich für Pferde. Oder boxen gerne. Die meisten spielen Fußball.«

»Und du?«

»Ich habe mich den Segelfliegern angeschlossen. Wir mußten unsere Maschinen selber bauen. Den ganzen Winter haben wir geschuftet.«

»Und dann?«

»Mit den Frühlingsgewittern begann die Zeit für unsere Starts. Ich flog eine Nachbildung der SG 38, ein Apparat mit sehr viel Flächen und einem Gitterrumpf. Der Pilot sitzt vorne ganz im Freien. Nur ein Holzbrett unter sich, Pedale, Knüppel und eine Kufe. Wir machten Hangstarts mit Gummiseilen.«

»Wie geht das?« wollte Elke wissen.

»Zwei Gummiseile sind an der Nase des Seglers eingeklinkt. Sechs Jungens links und sechs rechts laufen wie die Wilden den Hang hinunter. Sie dehnen die Gummiseile. Hinten am Leitwerk hängt die Haltemannschaft. Der Gleiter vibriert, will sich in den Himmel stürzen. Die Jungens stemmen ihre Absätze in den Boden. Dann ruft der Pilot *Start!*, und die Haltemannschaft läßt los. Wie von einem Katapult wird der Segler in die Luft geschleudert. Die Startmannschaft, die Knaben mit den Gummiseilen, kollert lachend den Abhang hinunter. Der Flieger aber gleitet in das Land hinaus. Später landet er auf einer Wiese. Manchmal zwischen Kühen. Die Jungens kommen mit einem Rollwagen und holen Pilot und Flugzeug ab. Das Hochschleppen den Hang hinauf zum Startplatz ist voller Schweiß und Flüche.«

»Das klingt romantisch«, sagte Elke. Ihr Gesicht war ebenmäßig, doch nicht schön. Das Besondere hat ihr gefehlt: die Schönheit, die von innen kommt.

»Mein erster Flug war aufregender als viele, die danach gekommen sind. Eine Kaltfront war durchgezogen. Wir hingen uns an ihren Rücken. Hinter einem hügeligen Land im Allgäu erhoben sich die Alpen. Der Himmel über den Bergen war dunkelblau, fast schwarz. Wütende Blitze hackten auf den Felsen herum. Das Licht um mich herum war gelb. Manchmal ist es so nach dem Gewitter: ein fahles gelbes Licht spiegelt sich in den Fenstern der Bauernhäuser, und die Welt dahinter ist unwirklich dunkel. Die letzten Tropfen fielen aus dicken Regenwolken. Wenn du in einer SG 38 im Freien sitzt, hörst du nur den Fahrtwind in der Verspannung sausen. Ein erregender Ton. Und dann auch wieder voller Ruhe.«

»Erzähl mir von den Regentropfen«, sagte Elke.

»Sie trommeln mit sanften Fingern über deine Flächen. Es hört sich an wie Musik: der Wind und die Trommel.«

»Du solltest Bücher schreiben«, sagte Elke.

Das Lebenszeichen kam von Gramps. Der lange weiße Umschlag trug den Poststempel Toronto. Die Bildkarte sagte *Seasons Greetings* und zeigte ein Birkenwäldchen an einem murmelnden Bach mit viel blauem Himmel über allem. Der Alte hat den Kitsch bestimmt gesehen, aber ich glaube, dieses Bild gefiel ihm besser als die anderen mit düsteren Gebäuden, die sich in einer großen Stadt schmalbrüstig zum Himmel strecken. Seine Handschrift war ohne Zittern und gut leserlich.

»Mylene ist aus der Wüste zurück. Sie hat viele Pfunde abgenommen. Diesen Sommer verbringt sie wieder bei mir. Bronco sagt, er will die zweite Cessna verkaufen. Er sagt, es fehle ihm der Partner. Ich habe viel Arbeit mit der Lodge, weil wir gutes Wetter hatten. Hochachtungsvoll, Gramps.«

Er hatte Mylene nur wenig Platz gelassen. Sie mußte ihre Buchstaben klein halten. Es war *das erste Mal*, daß ich ihre Handschrift sah.

»Ich weiß, ich hätte früher schreiben sollen. Gedacht hab' ich an Dich sehr viel. Seit ich aus Israel zurück bin, fliege ich die Strecke nach Südamerika. Anfang Juli habe ich Urlaub. Soll ich Gramps nach Hamburg bringen?« Als Unterschrift hatte sie ein kleines »m« gemalt.

Oberst Bertram sagte lachend, daß er mich entbehren könne. Vier Wochen später war ich in Red Lake. Die Hostessen der Air Canada hatten den Namen Malparte noch nie gehört. Es muß eine größere Luftlinie sein, als ich dachte.

Red Lake trug Festtagskleidung, obgleich es gar nicht Sonntag war. In allen Fenstern steckten Plastikblumen. Girlanden baumelten an Telefonleitungen von Haus zu Haus. Transparente schrien rot auf weiß: *Red Lake grüßt Woodland.* Hot-dog-Buden standen überall herum, und in der Mainstreet stank es sehr nach Popcorn. Frauen hatten sich bei Männern eingehängt. Sie machten glückliche Gesichter. Die Angler am Steg verzogen keine Miene. Angler nehmen nicht an Festen teil. Zwischen Fischerbooten dümpelten zwei gelbe Cessnas mit watscheligen Schwimmern auf dem See.

»Ich wußte, daß Sie kommen würden.« Bronco stand nicht auf, als er mir die Hand gab. »Nadowe hat Sie angekündigt. Er hat mit mir gewettet, daß Sie Anfang Juli diese Tür hier aufstoßen würden: unerträglich jung und unternehmungslustig.«

Broncos Zigarre war alt, zerfleddert. »Sie sehen müde aus.«

»Hamburg. Frankfurt. Toronto. Winnipeg«, sagte ich.

Er nickte.

»Das längste Stück dauerte von Winnipeg nach Red Lake.«

»Hier ist kein Zimmer frei«, sagte er. »Die Stadt spielt verrückt.«

»Ich brauche nur ein Bad. Oder eine Dusche«, sagte ich.

Er brachte mich in sein Zimmer im ersten Stock. Die Holzdielen waren alt und trocken. Frauenkleider hingen auf Bügeln an allen Wänden. Sie ersetzten bunte Bilder.

»Winnipooh?« fragte ich.

Bronco nickte. »Hat der Testflieger Ihnen von Winnipooh erzählt?«

»Ja«, sagte ich und zog mir die Schuhe aus. »Er war begeistert von ihrer lustigen Schönheit. Vorn hätte ihr allerdings ein Zahn gefehlt. Stimmt es, daß Sie ihr den Zahn ausgeschlagen haben?«

Er schüttelte den Kopf mit Weltschmerz im Gesicht. »Alle behaupten das«, sagte er. »Es stimmt nicht. Winnipooh hatte als Kind schon solche Zähne.«

»Wo ist sie?«

»Winnipooh hat geheiratet«, sagte Bronco. »Leider nicht mich.«

Die Dusche machte aus mir einen neuen Mann.

»Wollen Sie selber fliegen?« fragte Bronco.

»Nein«, sagte ich. »Mit Schwimmern kenne ich mich nicht aus.«

Zwei Stunden später waren wir in der Luft. Bronco hielt nicht viel von großen Höhen. Ich holte Franks Luftkarte von Ontario aus meiner Reisetasche.

»Was ist das denn?« fragte der Pilot. »Eine Fliegerkarte hinter Glas?«

»Frank hat den Kurs auf ihr abgesteckt«, sagte ich.

»Richtig«, sagte Bronco, »so hat er geheißen, Frank. Warum ist er nicht mitgekommen?«

»Es hat ihn zerbröselt.«

Bronco warf mir einen kurzen Blick zu. »Testflug?«

»Ja«, sagte ich.

»Verstehe«, sagte Bronco.

Broncos Motor lief rund. Der Pilot strahlte Ruhe aus. Er hielt sich zwar kaum höher als die Wipfel der höchsten Bäume, aber er wußte, was er tat. Das Land war grün und voller Hügel. Wälder, Wälder, Wälder. Und viele Seen. So gut wie nirgendwo ein Mensch. Ich versuchte, mit der Fliegerkarte im Holzrahmen zu navigieren. »Sie fliegen einen anderen Kurs«, sagte ich.

Bronco nickte. »Ich habe Ihren Freund einen Umweg fliegen lassen. Das schien mir sicherer. Man kann sich hier leicht verirren. Rettungsaktionen sind selten.« Er lachte. »Im Grunde ein großer Quatsch. Wenn er hier auf die Schnauze gefallen wäre, hätte sich nicht viel geändert. Ein bißchen früher, das ist alles.«

Wenn er hier gestorben wäre, wäre die Liebe mit Mylene nicht gewesen. Er hätte Mylene nicht nach Hamburg gebracht. Er hätte meine Liebe für Mylene nicht sehen müssen. Er hätte den Platz nicht frei gemacht. Hätte, hätte, hätte. Würde gewesen sein müssen.

»Wollen Sie übernehmen?« fragte Bronco und bot mir das Doppelsteuer an.

Ich schüttelte den Kopf. »Danke, aber ich laß mich gern von Ihnen fahren.«

»Mylene kommt erst in zwei Tagen«, sagte Bronco und stellte den Radiokompaß nach.

»Woher wissen Sie?«

»Letzte Woche ist ein Brief von ihr gekommen. Sie hat mich für den Flug gebucht.«

Ich sah lange aus dem Fenster. Klar, daß man hier leben konnte.

»Was machen Sie im Winter?« fragte ich.

»Im Winter montiere ich Kufen anstelle der Schwimmer unter die Maschine. Krankentransporte bringen sehr viel ein.«

»Post?«

»Auch.«

»Touristen?«

»Das beste Geschäft. Nadowe hat das Camp voller Gäste.«

»Daran habe ich nicht gedacht«, sagte ich. »Ich hätte ihm ein Telegramm schicken sollen . . .«

»Nicht nötig«, sagte Bronco und korrigierte seinen Kurs, denn er hatte an einer wackeligen Brücke gesehen, daß ihn der Seitenwind ein Stück nach Osten versetzt hatte. »Nadowe weiß, daß Sie kommen.«

Ich sah ihn fragend an.

»Hat er Ihnen nicht eine Postkarte geschrieben?«

»Ja«, sagte ich.

Bronco nickte. »Anschließend hat er mit mir gewettet.«

Gramps stand nicht am Steg, als Bronco die Schwimmer auf das Wasser knallen ließ. Fremde Männer fingen unsere Leinen auf.

»Den alten Kerl hat eine Grippe flach gehauen«, sagte ein Mann mit den Augen eines Anwalts.

»Ich hab' ihm Feuerwasser mitgebracht«, sagte Bronco und gab mir eine Flasche Rye.

Die Hand von Gramps war heiß vom hohen Fieber.

»Mylene kommt übermorgen«, sagte er, »bis dahin bin ich wieder auf den alten Beinen.«

Bronco brachte meine Reisetasche und sagte, daß er gleich wieder umdrehen würde, er wäre gern vor Dunkelheit in Red Lake, in seinem leeren Bett.

»Da soll doch ein Fest sein«, sagte Gramps.

»Halb Ontario ist zusammengelaufen«, nickte Bronco.

»Wenn dann dein Bett leer bleibt, bist du ganz alleine schuld«, sagte der Indianer.

Bronco lachte und ging davon. Wenig später hörte ich, wie er seinen Motor auf volle Touren jagte. Die Schwimmer klatschten über kleine Wellen. Dann war er in der Luft und davon.

Ich mußte Feuer im Herd machen, denn Gramps sagte, es sei ihm kalt. Im Küchenschrank hatte er eine Blechdose mit der Aufschrift Mc'Intosh. »Kräuter, selbst gesammelt«, sagte er. »Mach mir einen Tee davon.«

Er trank drei Liter Tee, und seine Augen glühten. Die Gäste in den Blockhütten mußten sich selbst versorgen.

»Sie haben die Zivilisation verlassen, um als freie Menschen in der Wildnis zu leben«, sagte Gramps. »Wir überlassen sie ihrem Schicksal. Sollten sie verhungern, war die Wildnis schuld.«

»Ich hätte telegrafieren sollen«, sagte ich. »Soweit ich sehe, sind die beiden Häuser voll besetzt.«

»Bring dein Gepäck in die Kammer von Mylene«, sagte der alte Mann.

Ich sah aus dem Fenster.

Am nächsten Tag ging es ihm besser. Er war nur noch etwas schwach. »Erzähl mir eine Geschichte, Sohn«, verlangte er.

»Wenn ich nicht mehr Düsen fliegen darf, komm' ich vielleicht hierher«, sagte ich.

»Wann ist das?« fragte er.

»In zwölf Jahren.«

Er lachte.

»Ist es falsch, wenn ich mir Gedanken mache?«

»Nein«, sagte er. »Aber zwölf Jahre ist eine lange Zeit.«

»Ich will nicht in die Vergangenheit der Frau einziehen«, sagte ich.

Nadowe nickte. »Sondern?«

»Ich will ihr das Leben vorschlagen, das ich gern führen möchte.«

»Erzähle«, forderte der Alte.

»Wir könnten hier in deinen Häusern leben. Bronco sagt, wenn man Post fliegt oder Kranke, kann man gut verdienen.«

Er wischte sich über die Stirn. »Und?«

»Ich könnte Bücher schreiben.«

»Über Fliegerei?«

»Von anderen Dingen weiß ich nicht viel.«

Er stand auf von seinem Bett aus Rentierfellen. Ich gab ihm eine Wolldecke. Er schlug sie um seinen mageren Körper.

»Ich will mit meinen Büchern weitergeben, was ich gelernt habe. Gesehen habe. Nicht nur an die eigenen Kinder. Nicht mündlich. Schwarz auf weiß. Für alle Kinder, die gern lesen wollen, was ein Mensch, der fliegt, empfindet. Die Kinder können später meine Bücher in die Schublade legen. Der eine oder andere Satz wird hängenbleiben.«

Der Alte ging in seinem kleinen Zimmer auf und ab. »Dann willst du also lange Schatten werfen?«

»Ich möchte nicht sterben, wie Frank gestorben ist«, sagte ich.

Am nächsten Tag forderte er eine Kostprobe meiner literarischen Zukunft. Ich sagte: »Am Dienstag letzter Woche gab es eine *High Ceiling* bei achtundzwanzigtausend Fuß. Der Himmel war dunkelblau weit oben und ein bißchen heller an den runden Enden. Die Wattedecke unter mir war von der Art, auf der ich gern herumlaufen möchte.«

»Sehr gut bis jetzt«, sagte Gramps. »Nimm dir einen Rye. Er steht im Küchenschrank.«

Ich goß das Glas voll und stellte es zurück auf den Tisch, den Gramps geschreinert hatte, als er noch ein junger Mann gewesen war.

»Trink«, sagte Gramps. »Es wird dir gut tun.«

»Ich bin eigentlich jetzt schon froh«, sagte ich.

»Trink trotzdem«, schlug Gramps vor. »Vielleicht werden deine Geschichten lustiger mit etwas Feuerwasser.«

»Hinter meinem Schleudersitz stand eine schwarze Tasche mit wichtigen Informationen für den Grußmaxe meines Landes in Jerusalem.«

»Was ist das? Grußmaxe?«

»Botschafter.«

»Verstehe«, sagte er. »Nimm noch einen Schluck.«

Ich schluckte. Es tat mir gut.

»Und?« wollte der Alte wissen.

»Meine Kompaßnadel lag auf Süd. Ich glaubte mich allein auf dieser Welt. Plötzlich purzelten die Worte eines Fremden durch meinen Helm.«

»Was sagte der Fremde?« fragte Gramps mit Kinderaugen.

»›Sie weißer Strich da oben!‹ rief die Stimme, ›sind Sie etwa Erzengel Gabriel?‹

Ich sah mich um. Am Rande der Wattedecke erhoben sich die Alpen. Auf der Südseite fielen sie so gut wie übergangslos ins Meer. Weit links unter mir machte ich den Flugkörper aus, von dem die Stimme kommen mußte. ›Wer ruft?‹ fragte ich, und eine Frauenstimme sagte *›ich.‹* Mein Flugzeug fiel vor lauter Schreck um viele Tausend Meter durch den Himmel. Die Frauenstimme gehörte zu Mylene.«

Der Alte klatschte glücklich in die Hände. »Nicht möglich!«

»Eben«, sagte ich und erzählte weiter. »Wo bist du, fragte ich, und deine Enkeltochter schwieg für ein paar Augenblicke. Dann nahm ihr Kapitän das Mikrofon und sagte: ›Air Canada 212 auf dem Weg nach Frankfurt.‹«

»Und du bist auf dem Weg nach Jerusalem?« fragte Gramps.

Ich nickte.

»Was hat Mylene gesagt?« fragte der Alte.

»Oh, nein.«

»Was?«

»Sie hat gesagt ›oh, nein‹, wie einer sagt, ›das ist nicht wahr! – Jetzt komme ich zu dir und du fliegst in die andere Richtung . . .!‹«

»Gib mir auch einen Schluck von dem Rye«, sagte Gramps. Ich holte ein frisches Glas aus seinem Schrank.

»Und was hast du dann gemacht?« wollte der Alte wissen.

»Ich habe getanzt.«

»Wie das?«

»Im Himmel«, sagte ich. »Man kann mit Flugzeugen gut tanzen.«

»Herrlich«, sagte der Alte. »Ganz herrlich.« Er trank von dem Rye. »Die Geschichte ist natürlich erstunken und erlogen.«

»Ja«, gab ich zu.

»Herrlich«, sagte er. »Du machst allerdings einen Fehler.«

»Welchen?«

»In zwölf Jahren fliegt hier niemand mehr wie Bronco

heute. Dann hat auch der letzte Farmer im Busch schon seine Rohrpost. Oder Kranke werden mit Raketen abgeholt. Was weiß ich.«

Der Rye brannte mir im Magen. Ich hatte schon lange nicht mehr so starkes Zeug getrunken.

»Mach keine Pläne, die zu weit vorausgehen«, sagte Gramps. »Alles um uns herum entwickelt sich so schnell.«

Vor dem Fenster kam die Nacht zu uns. Ich zündete die Petroleumlampen an.

»Wenn du dem folgst, was die Leute *Trend der Zeit* nennen, baust du dein Haus am falschen Platz«, sagte Gramps. »Ich habe eine wunderbare Frau gehabt. Gemeinsam haben wir an der Zukunft gearbeitet. Wir haben soviel Zukunft im Kopf gehabt, daß wir den Tag vergessen haben, der für das Glück von Menschen zählt. Ein Tag voller Sorgen ist ein Tag auf dem Müll. Nimm den Tag in beide Hände. Mach einen glücklichen aus ihm. Und laß die Zukunft auf dich warten.«

»Du meinst, die Zukunft hätte keine Wahl?« fragte ich ihn lachend.

»Wie soll die Zukunft ohne uns leben?«

Zwei Stunden, bevor Bronco Mylene zur Fishing Lodge und zu mir brachte, kam der alte Mann aus seinem Holzhaus. Um seinen Hals trug er einen dicken Schal.

»Wo sind die anderen Gäste?« fragte ich.

»Gold schürfen«, sagte er und lachte.

»Im Ernst?«

»Sie werden keines finden. Ich habe sie zu einer Sandbank am Fluß gebracht, wo ich früher viel herausgewaschen habe. Heute ist da nicht ein Nugget mehr. Aber es macht ihnen Freude. Sie sind reich, aber sie wühlen trotzdem an der Sandbank wie eifrige Mäuse. Sie werden uns nicht stören, wenn Mylene endlich kommt.«

Wir liefen ziellos hin und her. Dann setzen wir uns auf den Landungssteg. Es war ein guter Sommertag. Die Fische sprangen aus dem Wasser. Das Land auf der anderen Seite des Sees gefiel mir sehr.

»Wenn Bronco kommt, könnte er mich gleich mit zurücknehmen«, sagte Gramps.

»Was willst du denn in Red Lake?« fragte ich.

»Manchmal möchte ein alter Baum seine Krone in den Baum hängen, der ein bißchen zarter ist und ohne den großen Baum nicht leben mag . . .«

Ich sah ihn an und wollte rechnen, aber dann dachte ich, daß es wohl seine Sache sei, wenn in der Stadt ein junges Mädchen auf den alten Mann vom See wartete.

Wir dösten in den Himmel.

Ich erlaubte ein paar Mücken, mich zu stechen. Nachdem viel Zeit vergangen war, fragte Nadowe: »Hast du Angst vor der Begegnung mit Mylene?«

»Ja«, sagte ich. »Und ziemlich große.«

»Warum?«

»Wir haben nicht viel Zeit miteinander gehabt. Sie für mich, ich für sie.«

»Dann fängt alles jetzt erst richtig an?«

»Ja.«

»Der Alte pfiff ein Lied. »Wie alt bist du?«

»Zweitausend Jahre und achtundzwanzig.«

»Zu alt«, sagte Gramps. Ich hörte das Flugzeug kommen.

»Du bist achtundzwanzig Jahre zu alt«, sagte er.

Dann hörte auch er das Flugzeug.

»Da kommt Mylene«, rief Nadowe. Er sprang auf und warf die Arme in die Luft. Bronco schwebte flach über die Baumwipfel ein.

»Er hat es eilig mit der Landung«, sagte ich. »Glaubst du,

daß uns Mylene hier sehen kann?« wollte Gramps wissen. Ich sah mich um.

»Die Sonne kommt tief von Westen. Die Landungsbrücke ist voll beleuchtet. Mylene kann uns deutlich sehen.«

»Dann laß uns tanzen«, sagte Gramps. Er nahm mich bei den Händen und zog mich zu sich hoch.

»Tanzen?« Ich verstand ihn nicht.

»Sie wird uns hier hüpfen sehen und wissen, daß alles gut ist«, sagte der Indianer.

Wir hielten uns bei den Händen und sprangen tanzend umeinander.